PRÉCIS

D'HISTOIRE MILITAIRE

RÉDIGÉ D'APRÈS LES PROGRAMMES OFFICIELS

A L'USAGE DES CANDIDATS AUX ÉCOLES MILITAIRES

ET DE MM. LES OFFICIERS

PAR

VERMEIL DE CONCHARD

CAPITAINE D'INFANTERIE BREVETÉ

EX-PROFESSEUR A L'ÉCOLE MILITAIRE D'INFANTERIE

PARIS | **LIMOGES**

11, place Saint-André-des-Arts. | Nouvelle route d'Aixe, 46.

IMPRIMERIE, LIBRAIRIE ET PAPETERIE MILITAIRES

HENRI CHARLES-LAVAUZELLE

ÉDITEUR

Paris et Limoges. — Imprimerie et Librairie militaires
Henri CHARLES-LAVAUZELLE.

HISTOIRE MILITAIRE

PRÉCIS

D'HISTOIRE MILITAIRE

RÉDIGÉ D'APRÈS LES PROGRAMMES OFFICIELS

A L'USAGE DES CANDIDATS AUX ÉCOLES MILITAIRES

ET DE MM. LES OFFICIERS

PAR

VERMEIL DE CONCHARD

CAPITAINE D'INFANTERIE BREVETÉ

EX-PROFESSEUR A L'ÉCOLE MILITAIRE D'INFANTERIE

PARIS
11, place Saint-André-des-Arts.

LIMOGES
Nouvelle route d'Aixe, 50.

IMPRIMERIE, LIBRAIRIE ET PAPETERIE MILITAIRES

HENRI CHARLES-LAVAUZELLE

ÉDITEUR

INTRODUCTION

A L'HISTOIRE MILITAIRE DE FRANCE.

Les temps anciens finissent avec l'empire romain, qui, ayant absorbé tous les peuples de l'antiquité, les enveloppa tous dans sa ruine.

La Gaule, ce pays d'où étaient sorties les tribus celtiques qui avaient pris Rome naissante, partagé avec les Ibères une partie de l'Espagne (Celtibérie et Galice), laissé dans l'Europe orientale et en Asie Mineure des traces de leur passage (Galicie et Galatie), la Gaule, depuis la conquête de Jules César, était devenue la plus romaine des provinces de l'Empire.

A la fin du IVe siècle, le monde romain se partage en empire d'Orient et en empire d'Occident. A ce moment, commence le grand mouvement des peuples barbares, qui rompt les barrières mal défendues par les légions dégénérées. Les Visigoths, les Suèves, les Vandales, les Alains, les Burgondes, les Huns se jettent sur l'empire d'Occident et le détruisent. Viennent ensuite les Anglo-Saxons, les Lombards, les Ostrogoths et les Francs.

Les Francs, établis le long du Rhin inférieur, avaient formé au milieu du IIIe siècle une confédération pour résister aux Romains. Leur amour de l'indépendance individuelle, leur passion pour la guerre en faisaient un peuple particulièrement fier et intrépide parmi les tribus germaines. Tout se traitait dans leurs assemblées, auxquelles ils prenaient part en armes. C'est là qu'ils élisaient leur roi parmi les membres d'une même famille; c'est là qu'ils choisissaient celui qu'ils voulaient pour chef de guerre. De là, le mot de Tacite : *Reges ex nobilitate, duces ex virtute sumunt.*

Au moment où les Francs vont paraître en Gaule, tout le pays au sud de la Loire est aux Visigoths, les Burgondes dominent depuis Langres jusqu'à la Durance et depuis la Loire jusqu'aux

Alpes ; le pays entre les Vosges et le Rhin appartient aux Alamans ; l'Armorique est indépendante ; il ne reste de la puissance romaine qu'un faible débris entre la Somme et la Loire.

Les Francs Saliens avec Pharamond et Clodion viennent s'établir au nord-est de la Gaule. En 448, Mérovée, leur successeur, contribue avec les autres peuples barbares, appelés par le Romain Aétius à la défense de la patrie commune, à repousser dans les plaines de Châlons la formidable invasion d'Attila. Son petit-fils, Clovis, est le véritable fondateur de la première monarchie barbare. Ce prince bat successivement les Romains, les Alamans, les Burgondes et les Visigoths. Devenu chrétien et catholique, il est considéré, dès lors, comme un protecteur par les évêques et par la population gallo-romaine.

Les fils de Clovis se partagent ses États, suivant la coutume germanique. La puissance royale diminue, tandis que s'élève celle des leudes, ou guerriers fidèles, qu'enrichissent les concessions de terre en pleine propriété, les alleux, et qui deviennent de jour en jour moins soumis et moins dévoués à leur chef. Cette aristocratie se développe surtout dans l'Austrasie, demeurée plus barbare que la Neustrie. Ces deux portions de l'empire franc se séparent de plus en plus l'une de l'autre par suite de leurs tendances différentes ; et, sous le règne des rois fainéants, la lutte entre la royauté neustrienne et l'aristocratie austrasienne fait passer l'autorité souveraine dans la main des maires du palais d'Austrasie, dans la maison de Pépin d'Héristal, qui porte dès lors le titre de duc des Francs. Charles-Martel défait à son tour les Neustriens et repousse entre Tours et Poitiers l'invasion sarrasine (732). Son fils, Pépin-le-Bref, d'après avis conforme du pape, prend sans aucune protestation le titre de roi.

Charlemagne ne fait pas moins de cinquante-trois expéditions contre les Lombards, les Saxons, les Bavarois, les Avares, les Arabes d'Espagne. Il est proclamé empereur d'Occident et son empire a pour frontières : au nord et à l'ouest, l'Océan depuis l'embouchure de l'Elbe jusqu'au golfe de Gascogne ; au sud, une partie du pays entre l'Ebre et les Pyrénées, le Garigliano en Italie, la Dalmatie jusqu'à Raguse ; à l'est, la Theiss, le Danube moyen et le cours de l'Elbe. Ce prince a mérité le surnom de Grand, non pas seulement par ses victoires, mais par la sagesse de son gouvernement. Les ducs, les comtes, les viguiers ou centeniers lèvent les troupes ; le service militaire continue d'être gratuit. Mais un changement s'est déjà opéré dans l'organisation des armées. La cavalerie, qui n'existait pas dans les armées des rois mérovingiens, s'est développée et joue un rôle très important dans celle de Charlemagne.

Sous les faibles successeurs de ce grand homme, l'Empire se divise, et, à travers de nombreux partages, se dégagent trois grandes nationalités : la France, l'Allemagne et l'Italie. En même temps, les bénéfices, concessions de terres faites à titre viager, deviennent héréditaires et cette hérédité se trouve confirmée dans le Capitulaire de Kiersy-sur-Oise (877). La féodalité était constituée. Au point de vue militaire, la nation ne se compose plus que de la classe noble et le service devenu temporaire est dû au seigneur par le vassal, qui met un certain nombre d'hommes sous les armes. Le roi, qui est à la tête de la hiérarchie nobiliaire, convoque, lorsqu'il veut faire la guerre, le ban de ses vassaux. Les armées féodales sont presque exclusivement composées de cavalerie.

En 987, Hugues Capet, comte de Paris et duc de France, dont la famille jetait depuis longtemps un vif éclat, commence la troisième dynastie. Mais son autorité et celle de ses premiers successeurs ne dépasse guère la limite de ses États héréditaires.

Le grand événement du Moyen Age est la croisade (1095-1270), entreprise pour délivrer la Palestine de la domination des infidèles. Huit grandes expéditions, dans lesquelles la France a le premier rôle, resserrent les liens entre les membres des diverses nationalités, arrêtent les luttes intestines et répandent dans tout l'Orient la renommée des Francs.

C'est pendant cette période que se manifeste également pour la première fois la rivalité des rois anglais et des Capétiens. Jean Sans-Terre et l'empereur Othon IV envahissent la France à la tête d'une armée de 100,000 hommes. Philippe-Auguste fait appel au ban et à l'arrière-ban de la noblesse et convoque en même temps à la défense du pays les milices des communes. La victoire de Bouvines (1214) peut être regardée comme notre première bataille nationale. Le domaine royal est doublé et l'œuvre poursuivie par les rois depuis Louis le Gros est menée à bonne fin. La royauté est hors de tutelle. Saint Louis va la sanctifier.

La lutte reprend entre la France et l'Angleterre et a pour prétexte les prétentions d'Edouard III au trône de France. La guerre de Cent Ans (1337-1453) est la dernière grande guerre du Moyen Age. Les succès des Anglais sont dus principalement à la supériorité de leur tactique et de leur armement : choix intelligent et organisation habile des positions, défense à pied de ces positions par la gendarmerie, avec l'aide des excellents archers gallois et des bombardes, nouvel engin de guerre, qui fait plus de bruit que de mal, mais qui produit un grand effet moral ; les chevaliers remontent à cheval pour charger les assaillants ébranlés et compléter la victoire. Du côté des Français, la chevalerie, continuant la tradition des anciennes guerres, ne sait combattre qu'à cheval, et, négligeant la préparation de la bataille, sacrifie son infanterie formée des milices communales et de mercenaires étrangers. Leur relèvement est causé par la venue de Jeanne d'Arc, qui gagne la grande cause de l'indépendance nationale, en imprimant à la défense un caractère nouveau d'énergie patriotique. Le mouvement se continue après elle. Les Anglais sont chassés du territoire ; la nationalité française s'affirme par une action commune de toutes les classes et sort victorieuse de la grande crise qui avait failli l'étouffer.

HISTOIRE MILITAIRE

CHAPITRE PREMIER.

Coup d'œil rapide sur les institutions militaires de la France avant Louis XIV.

La guerre de Cent Ans, après des désastres inouïs dans l'histoire de la France, s'était terminée par l'expulsion des Anglais de notre territoire. La féodalité se mourait de Crécy, Poitiers et Azincourt. Aux contingents des seigneurs, aux milices communales allait succéder une armée nationale; au service momentané et restreint, un service permanent et obligatoire.

CHARLES VII. — *Armée permanente.* — C'est à Charles VII que revient l'honneur de l'organisation de cette armée nouvelle. Son attention se porte d'abord sur la cavalerie, l'arme principale à cette époque. Il forme quinze compagnies dites d'ordonnance, de 100 hommes d'armes ou 100 lances chacune, une lance comptant 6 combattants. L'effectif de chaque compagnie était donc de 600 hommes et le total de la troupe de 9,000.

Charles VII abolit également la milice des communes et décrète que chaque paroisse sera tenue de lever et d'entretenir un fantassin. Ces nouveaux soldats prennent le nom de francs-archers. Outre cette milice nationale, le roi conserve à sa solde quelques bandes d'étrangers aguerris, qui sont soumis à des règles de discipline.

L'artillerie est également organisée. Son chef ou maître, Bureau de la Rivière, améliore le matériel, perfectionne la fabrication de la poudre, substitue les boulets de fer aux boulets de pierre. Les compagnies de canonniers reçoivent un commencement d'organisation.

Recrutement. — Le recrutement des armées s'opère :

1° Par des enrôlements volontaires abandonnés aux soins des chefs de corps ;

2° Par des troupes étrangères que le roi prend à sa solde.

La réserve est constituée par l'arrière-ban de la noblesse, dont les convocations deviennent de plus en plus rares.

Hiérarchie. — La hiérarchie militaire est encore mal définie. La naissance sert généralement de base à la concession des grades. Le commandement des armées est exercé par le roi, ou, à son défaut, par un prince du sang ou par le connétable, premier officier de la couronne. Les corps de bataille sont conduits par les maréchaux de France. Sous François Ier seulement sont institués les maréchaux de camp et les sergents de bataille, sorte de chefs d'état-major.

Louis XI. — Peu de temps après son avènement, Louis XI réorganise les francs-archers, qui s'étaient mal conduits à Montlhéry. Il les forme en quatre grandes bandes de 4,000 hommes chacune, la bande comprenant huit compagnies de 500 hommes. Ils ne subsistent pas longtemps ainsi. Après la bataille de Guinegate, qu'ils font perdre, Louis XI se décide à les licencier.

Un petit peuple se faisait alors une grande réputation, en luttant pour son indépendance à l'aide d'une armée composée exclusivement d'infanterie. Les Suisses avaient vaincu dans trois batailles, à Granson, à Morat, à Nancy, le puissant duc de Bourgogne, Charles le Téméraire. Louis XI, leur allié, qui avait personnellement apprécié leur valeur à la bataille de Saint-Jacques, fait un traité avec eux, par lequel il pourra avoir constamment à sa solde 6,000 hommes de pied. Cette milice étrangère devait servir la France avec bravoure et fidélité, jusqu'à la chute de l'ancienne monarchie.

En même temps, le roi fait faire dans les provinces des enrôlements par ses capitaines qui lèvent 10,000 hommes choisis. Ces nouveaux contingents nationaux, ou *bandes françaises*, sont réunis dans un camp d'instruction à Pont-de-l'Arche, puis répartis dans les places de Picardie.

Louis XI prend en outre à sa solde un certain nombre de fantassins allemands, connus sous le nom de lansquenets, et entretient une garde écossaise, qui reste au service de ses successeurs.

CHARLES VIII. — C'est par ces moyens que Charles VIII peut emmener avec lui plus de 20,000 hommes de pied dans son expédition d'Italie. Ce prince a également dans son armée une artillerie telle qu'il n'en avait jamais paru : 140 gros canons et un grand nombre de petits.

LOUIS XII. — Louis XII, qui s'est brouillé avec les Suisses, cherche à relever l'infanterie nationale en appelant la noblesse dans ses rangs. Bayard est l'un des premiers à donner l'exemple et prend le commandement de la bande de Piémont.

FRANÇOIS Ier. — François Ier cherche lui aussi à se passer des étrangers. Chacune des sept provinces doit mettre sur pied une légion de 6,000 francs-archers : soit 42,000 hommes. Chaque légion est commandée par un colonel, titre nouveau, et se divise en six compagnies ou bandes sous les ordres d'un capitaine. Mais l'indiscipline et le manque d'instruction de ces milices forcent le roi à y renoncer.

Il augmente alors l'effectif des vieilles bandes de Picardie et de Piémont, qui est porté à 24,000 hommes. Le commandement en chef de cette infanterie est donné à un colonel-général.

On continue à avoir recours aux étrangers. Les Suisses, après Marignan, reprennent dans nos rangs la place qu'ils ne doivent plus quitter qu'à la Révolution.

Les compagnies d'ordonnance forment toujours le fonds de la cavalerie. Leur nombre est successivement augmenté, mais l'effectif est réduit.

La cavalerie légère, qui prend naissance sous Louis XII, se développe sous François Ier. Elle se compose de mercenaires grecs ou albanais, désignés sous le nom de *stradiots*, qui font le service d'éclaireurs.

François Ier organise les compagnies de chevau-légers qui se forment sur quatre rangs et combattent avec l'épée et le pistolet.

Tactique. — Pendant cette période d'un siècle, l'action de la cavalerie commence à diminuer. La victoire reste souvent aux gros bataillons sur huit rangs comme les Suisses, qui résistent aux charges les plus impétueuses. L'usage des armes à feu ne change pas sensiblement la tactique : on se borne à augmenter l'épaisseur des armures. Le canon manque de mobilité ; il reste dans la position prise au commencement de la bataille.

Si la tactique a peu changé, le caractère de la guerre se transforme. Après la dernière bataille livrée par la noblesse contre la royauté, sous Louis XI, et le triomphe de celle-ci, les grandes guerres européennes succèdent aux dissensions féodales. Les prétentions des princes français sur le royaume de Naples et le duché de Milan amènent les expéditions d'Italie, d'où la France sort, sinon augmentée, du moins plus glorieuse et plus une.

Cette période de transformations voit également la révolution dans les lettres, les arts et les sciences, ou la Renaissance; la révolution économique causée par la découverte de l'Amérique et du passage aux Indes ; la révolution dans les croyances ou la Réforme; elle introduit enfin dans la politique européenne, par la prise de Constantinople, un nouveau facteur, le Turc.

L'armée continue à progresser sous les derniers Valois :

Henri II et Charles IX. — Henri II, sur le conseil de Montluc, réunit plusieurs bandes sous le commandement d'un chef unique. C'est l'origine de nos régiments, qui ne prennent ce nom que sous Charles IX. Dans le principe on ne maintient d'une manière permanente que les corps formés des vieilles bandes de Picardie, de Piémont, de Champagne et de Navarre. Ils sont commandés par un colonel et ont un nombre variable de compagnies comprenant des piquiers et des arquebusiers, plus tard des mousquetaires.

On doit également à Charles IX la création d'une nouvelle troupe d'élite de 2,000 hommes, appelés *Enseignes de la garde du Royaume,* origine des gardes françaises.

L'importance de la gendarmerie continuant à s'affaiblir, Henri II institue un colonel-général de la cavalerie, ainsi qu'un mestre de camp général de la cavalerie légère, laquelle est organisée en compagnies et comprend :

Les chevau-légers dont nous avons parlé ;

Les reîtres, cavaliers allemands, qui se forment en masses profondes ;

Les dragons, créés par le maréchal de Brissac à l'armée de Piémont, armés du mousquet, combattant tantôt à pied, tantôt à cheval ;

Les carabins, éclaireurs de la cavalerie légère ;
Enfin, les argoulets qui combattent dispersés.

La tactique sous Henri IV. — La tactique française se développe pendant les guerres de religion avec des chefs tels que Coligny, Condé, Henri IV, Biron, Rohan. Les troupes d'infanterie continuent à se former sur dix rangs, mais deviennent plus mobiles. La proportion des mousquets va toujours croissant.

La charge ne s'exécute qu'au trot. En multipliant les armes à feu dans la cavalerie, on retarde ses progrès.

Avec Henri IV, l'artillerie devient un élément important de succès. A Ivry, elle change de position sur le champ de bataille.

Enfin, en 1634, le duc de Rohan fait une campagne dans la Valteline, qui reste un modèle de la guerre de montagnes.

L'armée avec Sully et Richelieu. — L'administration des corps de troupe avait, jusqu'à Sully, laissé singulièrement à désirer. Ce sage ministre d'un de nos plus grands rois met de l'ordre partout. Le nombre des régiments français d'infanterie est porté à douze. En 1610, l'armée compte 50,000 hommes d'infanterie française et étrangère.

Richelieu augmente de dix le nombre des régiments, renforce les gardes suisse, française et écossaise. En 1635, au moment où la France prend la succession de la Suède dans la guerre de Trente ans, on forme quatre armées dans la composition desquelles entrent 120.000 hommes d'infanterie. Sur cinquante régiments, vingt-deux seulement sont français.

La cavalerie légère prend également un grand développement pendant les guerres de religion. Richelieu réunit en régiments les débris de la gendarmerie d'ordonnance et les compagnies légères. Les régiments, commandés par un mestre de camp ou colonel, comptent de deux à quatre escadrons à quatre compagnies.

L'artillerie se relève sous l'administration de Sully. A la mort du roi, les arsenaux contiennent 4.000 canons et 76.000 armes à feu pour l'infanterie et la cavalerie. Henri IV avait créé, pour son ministre, la charge de grand-maître de l'artillerie.

Sous Louis XIII, les officiers d'artillerie sont assimilés aux autres officiers de l'armée. La troupe reste encore à organiser.

CHAPITRE II.

Guerre de Trente Ans. — Traités de Westphalie et traité des Pyrénées.

GUERRE DE TRENTE ANS (1618-1648).

La guerre de Trente Ans, en Allemagne, marque un réel progrès dans l'art militaire, des bandes de Wallenstein à l'armée régulière de Gustave-Adolphe. Elle est une des phases et la plus sanglante de la lutte entre la Réforme et le Catholicisme romain. Mais bientôt, en Allemagne comme en France, l'intérêt religieux cède le pas à l'intérêt politique.

L'empereur Charles-Quint avait cru rendre la tranquillité à l'Allemagne en proclamant la paix d'Augsbourg. La question des *bénéfices* ecclésiastiques va de nouveau mettre aux prises les protestants qui forment l'Union évangélique et leurs adversaires qui leur opposent la Ligue catholique dirigée par le duc de Bavière, Maximilien. L'avènement au trône impérial de Ferdinand II donne aux catholiques un chef énergique, qui se propose non seulement de ruiner le protestantisme, mais encore de faire l'unité allemande à son profit.

PÉRIODE PALATINE (1618-1625). — Alors commence la première période de la guerre de Trente Ans.

Les Bohémiens, s'étant insurgés contre l'Empereur, élisent pour roi l'électeur palatin, lequel obtient d'abord de brillants succès. Mais, abandonné par les luthériens, ce prince calviniste est vaincu à la bataille de la Montagne-Blanche, près de Prague, et la Bohême est replacée sous le joug autrichien. La Réforme paraît sérieusement menacée. Cependant, des chefs indépendants, le comte de Mansfeld, Christian de Brunswick, le margrave de Bade-Dourlach, se maintiennent contre Tilly, le général de la Ligue catholique, et contre les Espagnols des Pays-Bas.

Période danoise (1625-1629). — Inquiets des progrès de la puissance impériale, les princes protestants se décident à reprendre les armes. Le roi de Danemark est battu par Tilly à Lutter, tandis que le général de l'Empereur, Wallenstein, occupe avec les 100,000 hommes levés par lui et entretenus sur le pays vaincu l'Allemagne du Nord, qui est dépouillée par l'Édit de restitution.

Période suédoise (1630-1635). — Heureusement, la France s'émeut et oppose à la maison d'Autriche le jeune roi de Suède, Gustave-Adolphe.

Ce grand homme, avec une armée aguerrie et organisée d'une façon supérieure, ouvre, par ses campagnes en Allemagne, l'ère des guerres modernes.

Les progrès tactiques réalisés par lui se résument ainsi :

Formation de l'infanterie sur deux lignes ayant chacune une réserve, ce qui permet d'agir par efforts successifs ;

Création d'une unité de manœuvres, la brigade, réunion de deux régiments, environ 2,000 hommes ;

Extension de l'usage des armes à feu et emploi des feux de salve ;

Diminution de profondeur, six rangs seulement ;

Emploi fréquent de la cavalerie par le choc aux allures rapides et le combat à l'arme blanche ;

Mobilité donnée à l'artillerie, — canons de bataillon.

En outre, Gustave-Adolphe comprend la nécessité de prendre des bases et des lignes d'opérations. Ses directions sont bien choisies, ses marches rapides. Il bat les deux meilleurs généraux catholiques, Tilly et Wallenstein, à Leipzig et à Lutzen ; mais il est tué dans la dernière bataille (1632).

Dans cette période de la guerre, il faut encore citer du côté des protestants : Bernard de Saxe-Weimar, Wrangel, Torstenson, Banner, lieutenants de Gustave-Adolphe ; du côté de l'Empereur, Piccolomini, Pappenheim, Mercy, Galas, Jean de Werth.

Après Lutzen, l'Autriche reprend l'avantage. L'armée suédoise se dissout. Le meilleur élève du grand Gustave, Saxe-Weimar, vient avec 12,000 vieux soldats se mettre à la solde de la France et occupe l'Alsace, qu'il doit nous laisser. La défaite de ce général à Nordlingen décide enfin Richelieu à déclarer la guerre à l'Autriche et à l'Espagne.

Période française (1635-1648). — Guébriant, à la tête de l'armée weimarienne, entre en Allemagne et se porte au secours de Torstenson, Wrangel et Banner ; il est vainqueur à Wolfenbuttel et à Kempen. En même temps, les Français s'emparent d'Arras et de tout l'Artois ; ils battent les Espagnols en Piémont, prennent Perpignan, soumettent le Roussillon et une partie de la Catalogne avec Barcelone, sa capitale.

Richelieu envoie également des secours en Portugal, qui aident la maison de Bragance à s'affermir sur le trône. Il meurt après avoir ajouté trois provinces au territoire français.

La régente Anne d'Autriche (1643) continue avec son habile ministre Mazarin la politique du grand cardinal. Condé, général à 20 ans, n'écoutant que les inspirations d'un grand cœur, inaugure glorieusement le nouveau règne en détruisant à Rocroy les vieilles bandes de l'infanterie espagnole. Rien n'arrête ce jeune héros : avec Turenne pour lieutenant, il enlève à Fribourg (1644) les formidables retranchements des Impériaux. L'année suivante, il reprend le commandement de l'armée française vaincue à Marienthal, et, toujours avec Turenne, bat à Nordlingen les troupes du Bavarois Mercy, qui est tué dans l'action.

En 1646, Turenne dirige l'armée d'Allemagne et parcourt ce pays en tous sens avec une mobilité, une hardiesse inouïes ; la bataille de Susmarshausen lui ouvre la route de Vienne. Dans le même temps, Condé remporte sur les Espagnols la grande victoire de Lens. L'Empereur se décide à traiter.

Traités de Westphalie (1648). — Les traités de Westphalie consacrent l'abaissement de la maison d'Autriche et introduisent en Europe un système d'équilibre que les autres nations défendront contre la France sous Louis XIV et sous Napoléon Ier, et auquel l'Allemagne vient de porter un coup fatal par le dernier traité de Francfort.

En Allemagne, les protestants obtiennent la liberté du culte et l'égalité avec les catholiques.

L'Empire est organisé en un corps germanique, composé de tous les seigneurs féodaux. Ceux-ci sont confirmés dans l'exercice plein et entier de la souveraineté ; ils ont, en conséquence, le droit de s'allier à des puissances étrangères. L'Empereur, élu par les huit électeurs, est chargé de faire exécuter les décisions de la Diète, assemblée des députés des États.

La Suède obtient la Poméranie et devient puissance allemande.

L'électeur de Brandebourg reçoit les évêchés sécularisés de Magdebourg et d'Halberstadt.

La France garde les Trois-Évêchés, l'Alsace moins Strasbourg, avec Philipsbourg dans le Palatinat, et Pignerol en Piémont.

L'Autriche reconnaît l'indépendance des sept Provinces-Unies (Hollande), celle des treize Cantons suisses et la neutralité de leur territoire.

LIGUE DU RHIN (1658). — Dix ans après, Mazarin confirme l'influence de la France en Allemagne par la Ligue du Rhin, qui place une partie des princes allemands sous le protectorat de la France.

FRONDE (1648-1652). — En 1648, éclatent les troubles intérieurs qui prennent le nom de Fronde et se divisent en Vieille-Fronde ou parlementaire, et Nouvelle-Fronde ou des seigneurs. Dans la première, Turenne combat pour le Parlement. La paix de Rueil apaise momentanément les esprits. La guerre recommence avec Condé, qui est battu par Turenne au faubourg Saint-Antoine et obligé de se réfugier dans les Pays-Bas.

La lutte continue alors entre Turenne avec l'armée royale et Condé qui commande les Espagnols. En 1653, Turenne chasse les Espagnols de la Champagne; l'année suivante, il empêche Condé de s'emparer d'Arras. En 1657, les Français réunis à 6,000 vieux soldats de Cromwell prennent Dunkerque, qui est cédée à l'Angleterre, et gagnent la bataille des Dunes.

TRAITÉ DES PYRÉNÉES (1659). — Le traité des Pyrénées est le complément de celui de Westphalie. L'Espagne cède à la France le Roussillon, l'Artois, le Hainaut français, le Luxembourg français.

Le jeune roi Louis XIV épouse l'infante Marie-Thérèse, fille du roi Philippe IV. Cet événement aura pour conséquences les guerres du Droit de dévolution et de la succession d'Espagne.

CHAPITRE III.

Organisation militaire de la France sous Louis XIV. — Guerre du Droit de dévolution (traité d'Aix-la-Chapelle). — Guerre de Hollande (traité de Nimègue).

ORGANISATION MILITAIRE DE LA FRANCE. — Quatre grands noms dominent l'histoire militaire du règne de Louis XIV : Turenne, Condé, Vauban, Louvois ; les deux premiers par l'éclat des victoires et des conquêtes, Turenne par les progrès qu'il fait faire à la tactique, Vauban par l'organisation du système défensif de la France, Louvois par l'administration des armées et une préparation admirable de la guerre.

Au commencement du règne, l'infanterie régulièrement entretenue se compose de quatorze régiments : les gardes françaises, les gardes suisses, les six vieux, savoir : Picardie, Piémont, Champagne, Navarre, Normandie, la Marine ; et les six petits vieux, dont le dernier était le régiment du roi. En 1672, l'armée active comprend : Maison du Roi et gendarmerie, 3,000 hommes : gardes françaises et suisses, 5,000 ; infanterie française, quarante-six régiments, 56,000 ; infanterie étrangère, douze régiments, 30,000 ; dragons, deux régiments ; cavalerie française, soixante-seize régiments ; cavalerie étrangère, neuf régiments ; ensemble : 25,000 chevaux — soit une force totale de 119,000 hommes. Un peu plus tard, en 1678, l'effectif général est de 219,000 hommes de pied et de 60,000 cavaliers.

Les fusils sont d'abord admis dans la proportion de 4 par compagnie d'infanterie. Il est vrai que l'arme nouvelle est donnée aux grenadiers, aux dragons et au régiment des *fusiliers* créé, en 1671, pour la garde et le service de l'artillerie de campagne. Ce régiment prend en 1693 le nom de *Royal-artillerie*. Il faut trente ans pour que le fusil vienne remplacer dans toute l'armée le mousquet et la pique. On adopte également la baïonnette à douille, due à Vauban. Dès lors, une révolution s'opère dans la tactique : le bataillon se forme sur quatre rangs et la puissance du feu s'augmente dans une proportion considérable.

Pour résister aux armées de la coalition, Louvois rétablit les milices qui fournissent 25,000 hommes d'infanterie (1688). Licenciées à la paix, elles sont rappelées pour la guerre de la succession d'Espagne.

Les armées sont commandées par le roi ou un prince du sang, ou par un maréchal de France. Viennent ensuite les *lieutenants-généraux* et les *maréchaux-de-camp*. En 1668, on voit paraître les *brigadiers*, pour commander deux régiments de même arme. Le *lieutenant-colonel* devient officier supérieur et commande en second le régiment. Le *major*, du grade de capitaine, est également créé et remplit dans le principe les fonctions actuelles de l'adjudant-major.

Louis XIV institue l'ordre militaire de Saint-Louis et fonde l'hôtel des Invalides.

L'uniforme est établi pour chaque corps, le prêt payé tous les cinq jours par le capitaine à sa troupe, un contrôle sévère est exercé sur l'administration et les effectifs.

On publie un règlement sur le service intérieur et la discipline des troupes, un règlement de manœuvres, une carte des étapes.

Enfin Louvois crée des magasins d'approvisionnements pour les places, des magasins pour le service des armées actives, qui permettent de donner à celles-ci une mobilité relative.

Guerre du Droit de dévolution (1667-1668). — A la mort du roi d'Espagne Philippe IV, Louis XIV, au nom de sa femme Marie-Thérèse, revendiqua une partie de l'héritage. La guerre, habilement préparée par les négociations de Hugues de Lyonne, n'est qu'une promenade militaire.

En trois mois, le roi s'empare de la Flandre; en trois semaines, Condé conquiert la Franche-Comté. Mais la Hollande s'émeut et forme avec la Suède et l'Angleterre la triple alliance de La Haye. Louis XIV signe le traité d'Aix-la-Chapelle, par lequel il garde la Flandre française et rend la Franche-Comté.

Guerre de Hollande 1672-1678. — De ce moment, le roi prépare la guerre et sa vengeance. La triple alliance est dissoute, l'Europe alliée ou neutre, l'évêque de Munster et l'électeur de Cologne livrent passage à nos troupes; seul, l'électeur de Brandebourg soutient la Hollande par ses armes.

Aux 120,000 soldats de Louis XIV, les Provinces-Unies n'ont à opposer que 20,000 mauvais miliciens sous les ordres du prince Guillaume d'Orange. Condé, avec l'avant-garde, passe le Rhin à Kaiserswerth et suit la rive droite. Le corps principal longe la Meuse jusqu'à Maëstricht et va passer le Rhin au-dessous du fort de Schenk, à un gué désigné dans l'histoire sous le nom de Tollhuys. Les défenses de la Hollande sont tournées; les deux tiers du pays tombent en notre pouvoir. Mais Louis XIV commet la faute de ne pas marcher de suite sur Amsterdam et la Haye et repousse en même temps les propositions de paix du grand pensionnaire, Jean de Witt.

Une révolution éclate; le prince d'Orange est proclamé stathouder : il va sauver son pays en l'inondant et en organisant contre la France la première coalition européenne.

Cependant, Turenne avec 15,000 hommes marche contre l'électeur de Brandebourg, le surprend dans ses cantonnements d'hiver en Westphalie, le bat, le pousse jusqu'à l'Elbe et lui fait signer une convention par laquelle il s'engage à ne plus porter les armes contre la France.

En 1673, le roi se donne la gloire de prendre Maëstricht. Mais Luxembourg se voit bientôt forcé d'évacuer toute la Hollande, sauf Grave que Chamilly rendra après un siège héroïque.

En 1674, toute l'Europe est contre nous. Condé reconquiert la Franche-Comté en six semaines, puis va dans les Pays-Bas livrer la sanglante bataille de Séneffe. Sur le Rhin, Turenne prend l'offensive avec 12,000 hommes contre 60,000. Il surprend les Impériaux, les bat à Sinzheim et à Ladenbourg, repasse le Rhin devant des forces trop supérieures, inflige aux Allemands un nouvel échec à Ensheim. A l'arrivée d'autres renforts, il s'établit à Dettweiler; les Impériaux prennent leurs quartiers d'hiver dans la vallée de l'Ill. Alors Turenne, couvert par les Vosges, achemine ses troupes vers Belfort, met en déroute la cavalerie allemande à Mulhouse, l'infanterie à Turckheim et les rejette en désordre de l'autre côté du Rhin.

L'année suivante, la coalition oppose son meilleur général, Montecuculli, à Turenne qui est tué à Salzbach d'un coup de canon. L'Alsace est envahie. Condé, prenant pour la dernière fois le commandement de l'armée, force les Impériaux à repasser le fleuve.

La campagne de 1676 est surtout maritime. Du Quesne, digne émule de Ruyter, bat les flottes espagnole et hollandaise combinées dans les trois batailles de Stromboli, d'Agosta et de Palerme.

En Flandre, le prince d'Orange n'éprouve que des revers. Sur la Moselle et le Rhin, Créquy repousse les Impériaux.

Mais la France perd un allié, Charles II d'Angleterre, dont la nièce Marie épouse le stathouder.

Traité de Nimègue (1678). — La paix est signée à Nimègue avec la Hollande, puis avec l'Espagne, l'Empereur et l'Empire.

La Suède, notre fidèle alliée, recouvre ce qu'elle a perdu. La Hollande obtient un traité de commerce avantageux. Seule l'Espagne paie les frais de la guerre : elle cède à la France la Franche-Comté, les deux dernières villes de l'Artois, Aire et Saint-Omer, et douze places des Pays-Bas, avec leurs annexes et dépendances.

Ces deux derniers mots vont servir de prétexte à de nouvelles conquêtes en temps de paix, et par suite soulever l'opinion publique contre Louis XIV et amener une nouvelle coalition.

CHAPITRE IV.

Louis XIV. — Guerre de la Ligue d'Augsbourg (traité de Ryswick). — Guerre de la succession d'Espagne (traité d'Utrecht).

Des Chambres de réunion, instituées à Tournay, Metz, Brisach et Besançon, pour rechercher les dépendances des nouvelles provinces du royaume, reculent les limites du territoire français. La trêve de Ratisbonne (1684) consacre de fait l'annexion à la France de Strasbourg, Landau, Sarrelouis, le duché de Luxembourg, une partie de l'électorat de Mayence et du Palatinat.

Un grand événement, la révocation de l'Édit de Nantes, trouble le pays et mécontente les puissances protestantes. 200,000 réformés quittent la France et vont se réfugier en Angleterre, en Hollande, dans le Brandebourg.

LIGUE D'AUGSBOURG (1686). — Deux actes violents, l'occupation de Rome et le bombardement de Gênes, décident l'Europe.

La ligue d'Augsbourg est formée (1686) entre l'Empereur, les princes de l'Empire, l'Espagne, la Hollande et la Suède.

Jacques II était un ennemi timide. La révolution de 1688 le renverse et met à sa place son gendre, Guillaume d'Orange, notre ennemi irréconciliable.

La guerre avait déjà commencé dans le Palatinat, où Louis XIV soutenait les droits de la princesse palatine, duchesse d'Orléans, et la candidature du prince de Furstenberg au siège électoral de Cologne.

Philipsbourg pris, Mayence et Cologne occupées par les troupes françaises, Louvois veut interdire à l'ennemi le cours moyen du Rhin et ordonne le trop fameux incendie du Palatinat (1689).

En même temps, Louis XIV poursuit le rétablissement des Stuarts sur le trône d'Angleterre. Après de premiers succès en Irlande et sur mer, la bataille de la Boyne et le désastre de Tourville à la Hogue ruinent les espérances de Jacques II.

Dès lors, la guerre est simplement continentale et a pour théâtres le Palatinat, les Pays-Bas, le Piémont et l'Espagne.

Mayence et Bonn sont repris par les Impériaux, malgré les belles défenses d'Uxelles et d'Asfeld.

Dans les Pays-Bas, Luxembourg remporte la victoire de Fleurus (1690), prend Mons et Namur, bat Guillaume d'Orange à Steinkerque et à Neerwinden.

Catinat commande en Piémont. Il défait le duc Victor-Amédée à Staffarde et à la Marsaille.

Du côté des Pyrénées, Noailles bat les Espagnols sur le Ter et s'empare de Gironne; Vendôme prend Barcelone.

Le duc de Savoie traite le premier. Louis XIV lui rend Casal et Pignerol et lui promet le duc de Bourgogne pour époux à sa fille.

Traité de Ryswick (1697). — L'année suivante (1697), la paix est rétablie. Louis XIV, par le traité de Ryswick, rend ce que lui avaient procuré les Chambres de réunion, sauf Strasbourg, Landau et Sarrelouis; il abandonne les Stuarts et reconnaît Guillaume III comme roi d'Angleterre.

Succession d'Espagne. — Une des causes qui avaient décidé Louis XIV à faire la paix, était l'affaire de la succession d'Espagne. Charles II allait mourir sans enfants; son héritage comprenait l'Espagne, les Pays-Bas, le Milanais, Naples, la Sicile, la Sardaigne; en Amérique, les Antilles, le Mexique, le Pérou, le Chili, la Plata, etc.; des colonies immenses en Afrique, en Asie, dans l'Océanie. Louis XIV et Guillaume III s'entendent pour régler à eux deux la succession et la partager entre les divers héritiers : le Dauphin, l'archiduc Charles, le prince de Bavière.

Il y a trois traités de partage. De son côté, Charles II fait trois testaments : par le premier, il donne son héritage tout entier au prince de Bavière; par le second, à l'archiduc Charles; par le troisième, au deuxième fils du Dauphin, le duc d'Anjou, espérant conserver ainsi l'intégrité de la monarchie.

Le roi de France, appelé à choisir entre le testament et le traité de partage, accepte la couronne offerte à Philippe V (1700), comprenant que, de toute manière, la guerre avec l'Autriche est inévitable. Mais, au lieu de suivre une politique prudente et habile, il blesse les Hollandais en les chassant des places de la Barrière aux Pays-Bas; à la mort de Jacques II, il reconnaît le fils de ce prince comme roi d'Angleterre, au mépris du traité de Ryswick.

Guillaume III forme alors la Grande Alliance de la Haye entre l'Autriche, la Hollande et l'Angleterre (1701). Bientôt après il meurt ; mais, sous le règne de la reine Anne, la direction des affaires politiques et militaires est aux mains du fameux Marlborough. Celui-ci, avec le grand pensionnaire Heinsius et le prince Eugène de Savoie, forme un triumvirat qui dirige la coalition. Eugène et Marlborough, élevés à l'école de nos généraux, résolvent le problème délicat du partage du commandement. Ils combinent leurs opérations, ils cherchent l'ennemi, et les batailles donnent de grands résultats.

En France, nous n'avons plus Turenne, Condé, Créqui, Luxembourg; il nous reste encore Villars, Vendôme, Berwick, Boufflers. Malheureusement, la faveur du roi confond avec eux des hommes très inférieurs, Villeroi, La Feuillade, Marsin, Tallard; Catinat est bien déchu, Vauban va mourir. Par contre, les armées sont plus considérables ; et pour lever et entretenir 400,000 hommes, Louis XIV n'a plus Louvois, ni même son fils, Barbezieux : le médiocre Chamillart réunit la guerre et les finances, le fardeau de deux grands hommes, de Colbert et de Louvois ! Nous sommes également en retard pour la tactique et l'armement : le fusil est adopté pour toute l'infanterie seulement en 1703.

Comme alliée, dans cette guerre mémorable, la France a l'Espagne, mais alliée bien désintéressée, tant que le sol de la péninsule n'est pas envahi. En Italie, le duc Victor-Amédée, père de la duchesse de Bourgogne et de la reine d'Espagne, se fait donner le commandement des forces franco-espagnoles et va trahir les intérêts de ses parents. En Allemagne, nous ne pouvons compter que sur le duc de Bavière, gouverneur des Pays-Bas, et sur son frère, l'électeur de Cologne. Le duc de Hanovre, créé neuvième électeur, l'électeur de Brandebourg, devenu roi de Prusse malgré les conseils du prince Eugène, vont soutenir les prétentions de l'empereur Léopold.

Guerre de la succession d'Espagne (1701-1714). — La guerre de la succession d'Espagne peut se diviser en deux parties : de 1701 à 1707, la France, après quelques succès, est battue à l'extérieur; de 1707 à 1714, elle voit ses frontières envahies.

En Italie, le prince Eugène viole la neutralité de Venise et franchit l'Adige à Carpi. Catinat recule sur le Mincio, puis sur l'Oglio. Villeroi, son successeur, se fait battre à Chiari. Mais

Vendôme délivre Mantoue, bat les Autrichiens à Luzzara et se prépare à rejoindre dans le Tyrol l'électeur de Bavière, quand la trahison ouverte du duc de Savoie le rappelle dans le Piémont, dont il fait la conquête. Le prince Eugène, vainqueur à Hochstedt, arrive alors au secours de son allié. Vendôme l'arrête à Cassano et le rejette derrière l'Adige. Envoyé aux Pays-Bas, il laisse le commandement à La Feuillade, à Marsin et au duc d'Orléans, qui éprouvent un complet désastre sous les murs de Turin (1706). L'Italie est perdue, la France envahie. Eugène et Victor-Amédée ravagent la Provence, mais ils échouent devant Toulon (1707).

En Allemagne, Catinat laisse le prince de Bade prendre Landau, Haguenau et envahir l'Alsace. Mais le duc de Bavière prend Ulm et force l'ennemi à la retraite. Villars passe le Rhin, bat les Impériaux à Friedlingen, prend Kehl, force les lignes de Stollhofen entre Philipsbourg et la Forêt-Noire; puis, laissant Tallard sur le Rhin, il traverse la Forêt-Noire et se réunit à l'électeur à Tuttlingen : les Impériaux sont battus à Hochstedt. Marsin s'empare d'Augsbourg, Tallard bat le prince de Hesse à Spire et reprend Landau. Malheureusement ces deux généraux viennent remplacer à l'armée franco-bavaroise le maréchal de Villars complétement brouillé avec l'électeur. Marlborough est venu des Pays-Bas rallier le prince Eugène. Alors a lieu la deuxième et désastreuse bataille d'Hochstedt (1704). Pendant que le duc de Bavière et Marsin combattent glorieusement contre le prince Eugène, Tallard se laisse envelopper par les Anglais dans le village de Blenheim avec vingt-six bataillons et douze escadrons de dragons. La Bavière est conquise, la France menacée.

Dans les Pays-Bas, Boufflers bat les Hollandais à Eckeren; mais la défaite de Villeroi à Ramillies (1706) nous fait perdre la Belgique.

En Espagne, l'archiduc Charles, proclamé par les Aragonais, chasse Philippe V de Madrid (1707).

La France fait de nouveaux efforts. Le comte de Tessé conserve la Provence. Berwick rétablit Philippe V sur le trône par la victoire d'Almanza. Mais, en 1708, la fatale bataille d'Oudenarde ouvre la France; Lille succombe. Après le cruel hiver de 1709, Louis XIV s'humilie et demande la paix. On lui enjoint de démolir Dunkerque, de rendre Valenciennes et l'Alsace, d'abandonner ses alliés bavarois, de chasser son petit-fils du trône d'Espagne (conférences de Gertruydenberg). Alors Louis XIV fait un appel à la

France, qui y répond par le généreux effort de Malplaquet. En même temps, la victoire de Vendôme à Villaviciosa affermit Philippe V en Espagne. L'avènement de l'archiduc Charles à l'Empire et la chute du parti whig et de Marlborough en Angleterre désagrègent la coalition. La victoire de Villars à Denain sur le prince Eugène décide la signature des traités d'Utrecht, de Rastadt et de Bade.

Traités d'Utrecht (1713), de Rastadt et de Bade (1714). — Philippe V est reconnu roi d'Espagne. Il cède aux Anglais Gibraltar et Minorque ; à l'Empereur le Milanais, Naples, la Sardaigne et les Pays-Bas ; au duc de Savoie, qui prend le titre de roi, la Sicile. L'électeur de Brandbourg, reconnu roi de Prusse, obtient la Gueldre et Neufchâtel. Louis XIV reconnaît la reine Anne, cède à l'Angleterre la baie d'Hudson, l'Acadie et Terre-Neuve, et s'engage à démolir les fortifications et le port de Dunkerque. Les électeurs de Bavière et de Cologne sont rétablis dans leurs États.

Ainsi se termine cette longue et sanglante guerre, d'où la France sort épuisée, mais sans perte de territoire.

CHAPITRE V.

La Régence. — Louis XV. — Guerre de la succession de Pologne (traité de Vienne). — Guerre de la succession d'Autriche (traité d'Aix-la-Chapelle).

Minorité de Louis XV. — La Régence (1715-1723) est une époque de réaction contre le long règne de Louis XIV.

Les traités d'Utrecht n'ont satisfait ni l'empereur Charles VI, qui persiste à réclamer la succession d'Espagne tout entière ; ni le roi Philippe V, qui désavoue ses renonciations à la couronne de France et conspire pour enlever la régence à Philippe d'Orléans : il est excité par sa seconde femme, Elisabeth de Parme, et par son ministre Albéroni. Le régent menacé se rapproche de l'Angleterre et de la Hollande, et, par les soins de l'abbé Dubois, la Triple Alliance est conclue (1717) pour le maintien du traité d'Utrecht. Rien n'arrête l'audace du gouvernement espagnol : il chasse les Impériaux de la Sardaigne, il attaque le duc de Savoie en Sicile. Mais une flotte anglaise détruit près de Syracuse la flotte espagnole; une armée française sous Berwick entre dans le Guipuzcoa, puis dans la Catalogne. Albéroni tombe sous le coup de ces revers. En 1720, la paix est rétablie aux dépens de Victor-Amédée, à qui l'on donne la Sardaigne à la place de la Sicile attribuée à l'empereur ; les duchés de Parme et de Toscane sont promis aux enfants de la reine Elisabeth ; une infante d'Espagne est déclarée future épouse de Louis XV et une fille du régent va épouser à Madrid le prince des Asturies.

Le duc de Bourbon devient premier ministre à la mort de Philippe d'Orléans : la politique change. L'infante est renvoyée et Louis XV épouse Marie Lesczynska, fille du roi détrôné de Pologne. Philippe V et Charles VI se rapprochent et signent le traité de Vienne, par lequel le roi d'Espagne reconnait la Pragmatique sanction, qui assure aux filles de l'Empereur la succession dans les États héréditaires d'Autriche. La France, l'Angleterre et la Prusse y répondent par la contre-alliance de Hanovre.

Sur ces entrefaites, le duc de Bourbon disparait. Il est remplacé par un pacifique vieillard, le cardinal de Fleury. Un congrès est réuni à Soissons (1728), qui n'aboutit à rien. Alors la reine Elisabeth rompt le traité de Vienne et accède à l'alliance de Hanovre qui l'autorise à faire occuper par des troupes espagnoles les places des duchés de Parme et de Plaisance, dont l'infant don Carlos prend régulièrement possession en 1731. L'Angleterre, l'Empire reconnaissent la Pragmatique sanction : la France seule se refuse à la signer.

Guerre de la succession de Pologne (1733-1735). — La succession de Pologne amène enfin la guerre. Deux compétiteurs sont en présence : l'ancien roi Stanislas Leczinski, candidat national et celui de la France ; Auguste, électeur de Saxe, fils du dernier roi Auguste II, l'allié des Russes et des Autrichiens.

L'opinion publique force Fleury à secourir Stanislas assiégé par les Russes à Dantzig. Mais la marine n'existe plus, les arsenaux sont vides. 1.500 hommes transportés à grand'peine vont se faire tuer dans les lignes russes sous les ordres de l'héroïque Plélo.

Fleury se décide à déclarer la guerre à l'Empereur.

Sur le Rhin, Berwick prend Kehl et est tué au siège de Philipsbourg. D'Asfeld prend Philipsbourg, devant le prince Eugène qui reste sur la défensive.

En Italie, Villars, de concert avec le roi de Sardaigne, Charles-Emmanuel, envahit le Milanais, qui est rapidement conquis. Il meurt à Turin et est remplacé par le maréchal de Coigny, qui bat les Impériaux du comte de Kœnigsegg à Parme et à Guastalla. Le comte de Montemar, débarqué en Toscane avec une armée espagnole, est vainqueur à Bitonto, fait la conquête du royaume des Deux-Siciles, puis va rejoindre dans la haute Italie Charles-Emmanuel et le maréchal de Noailles ; et les forces alliées bloquent Mantoue.

Traité de Vienne (1735). — Pour la première fois, une armée russe parait sur les bords du Rhin, quand la paix est signée à *Vienne*. Don Carlos obtient le royaume des Deux-Siciles ; l'Empereur recouvre Parme et le Milanais ; la Toscane est attribuée au duc François de Lorraine et la Lorraine au roi Stanislas, pour faire, après lui, retour à la France. Enfin, Louis XV reconnait la Pragmatique sanction.

Guerre de la succession d'Autriche (1740-1748). — En 1740, Charles VI meurt presque subitement. Les domaines héréditaires de la maison d'Autriche passent à sa fille Marie-Thérèse, mariée à François de Lorraine. Cependant les princes de Saxe et de Bavière avaient refusé de reconnaître le testament de l'Empereur. L'électeur de Bavière, Charles-Albert, revendique la succession et pose ses prétentions à la couronne impériale. Fleury est hésitant, quand, du fond de l'Allemagne, jaillit l'étincelle qui va mettre le feu aux poudres.

Cette même année 1740 avait vu mourir le second roi de Prusse, Frédéric-Guillaume. Ce *roi sergent* d'un peuple de deux millions et demi d'habitants avait trouvé moyen d'entretenir une armée de 76,000 hommes et d'avoir une réserve de 26 millions. Le prince d'Anhalt était l'instructeur de cette infanterie régie par une discipline inflexible. Le bataillon se déployait sur trois rangs; l'emploi d'une cartouche perfectionnée et de la baguette en fer lui permettait, dit Belle-Isle avec quelque exagération, de tirer jusqu'à six et sept coups par minute.

Telle est l'armée qui, à la fin de 1740, envahit la Silésie, sans déclaration de guerre, sous la conduite de son jeune roi Frédéric II. Celui-ci fait en même temps offrir son appui à Marie-Thérèse, si elle consent à lui céder la Basse-Silésie. La reine de Hongrie refuse avec indignation; mais ses troupes sont défaites à Molwitz (1741).

Entraîné par le maréchal de Belle-Isle, Fleury se résigne à soutenir l'électeur de Bavière. En même temps, les rois d'Espagne et de Sardaigne s'apprêtent à envahir le Milanais et le duché de Parme. La Russie reste neutre. Le roi d'Angleterre seul, en tant qu'électeur de Hanovre, se déclare pour Marie-Thérèse.

Cependant, 40,000 Français joignent en Bavière les troupes de Charles-Albert, envahissent l'Autriche, puis se portent en Bohême pour donner la main à leurs alliés. Frédéric II, qui venait de prendre Neisse, traite avec Marie-Thérèse, et, deux mois après, reprend les armes et entre en Moravie. Déjà Prague est au pouvoir des Français et Charles-Albert proclamé roi de Bohême; enfin, il est élu empereur sous le nom de Charles VII.

L'enthousiasme des Hongrois ramène la fortune sous les drapeaux de leur reine. Linz est pris; les Autrichiens entrent à Munich. Frédéric, qui obtient la Silésie, fait sa paix avec Marie-Thérèse. Cette défection amène celle d'Auguste III, roi de

Pologne. Un changement de ministère en Angleterre va entraîner ce pays dans la lutte continentale, et avec lui la Hollande. L'armée française, réduite à 25,000 soldats mourant de faim, est enfermée dans Prague. Vainement, Maillebois avec l'armée de Westphalie dirige une démonstration sur Egra. Belle-Isle, pour sauver les débris de ses troupes, fait au plus fort de l'hiver (1742) sa fameuse retraite de dix jours.

Un mois après, Fleury meurt, laissant peu de regrets. Nos malheurs ne cessent pas avec lui. Le maréchal de Noailles surprend sur le Mein, à Dettingen (1743), le roi Georges II, et le laisse échapper; il recule jusqu'à la Lauter. En Italie, le roi de Sardaigne obtient la cession de la rive droite du Tésin et traite avec Marie-Thérèse. Par contre, Frédéric II rompt avec elle et signe avec la France le traité de Versailles (1744) pour dix années.

Alors Louis XV déclare officiellement la guerre à l'Angleterre et à l'Autriche. Lui-même, avec les maréchaux de Noailles et de Saxe et une armée de 80,000 hommes, entre dans les Pays-Bas. Mais notre armée du Rhin est refoulée : Louis XV lui amène des secours, repousse l'ennemi et s'empare de Fribourg. Frédéric, qui s'était emparé de Prague, voyant refluer sur lui l'armée autrichienne, se retire mécontent en Silésie.

Sur ces entrefaites, Charles VII meurt (1745). Son fils Maximilien-Joseph fait sa paix avec Marie-Thérèse, qui lui restitue la Bavière, et François de Lorraine est élu empereur à Francfort sous le nom de François Ier. Frédéric II traite encore une fois avec l'Autriche.

L'armée française restée seule rétablit, sous les ordres du maréchal de Saxe, sa réputation militaire. En 1745, victoire de Fontenoy et conquête des Pays-Bas; en 1746, victoire de Raucoux; en 1747, victoire de Lawfeld et prise de Berg-op-Zoom; en 1748, Maëstricht est investi.

Traité d'Aix-la-Chapelle (1748). — Un congrès est réuni à *Aix-la-Chapelle* : Louis XV déclare vouloir traiter en roi et rendre ses conquêtes. Marie-Thérèse cède enfin. Frédéric obtient la Silésie, le roi de Sardaigne la rive droite du Tésin, l'infant don Philippe le duché de Parme; et toute l'Europe reconnaît François Ier.

CHAPITRE VI.

Louis XV. — Guerre de Sept Ans (traité de Paris).

FRÉDÉRIC II. — Pour pouvoir comprendre les prodigieux succès que l'armée prussienne va obtenir dans la guerre de Sept Ans, il importe de savoir comment elle s'y était préparée pendant la paix.

Le roi lui-même avait une constante attention à ce que la discipline et la subordination fussent maintenues dans chaque corps. Chaque année, les troupes se rassemblaient dans des camps, où on les dressait aux grandes évolutions et aux manœuvres de guerre. Les officiers étaient choisis avec soin. L'infanterie était excellente; Seydlitz organisa la cavalerie qui allait s'illustrer sous ses ordres; l'artillerie était bien exercée, mais ne comptait que trois bataillons. Quant aux approvisionnements et au matériel de réserve, ils étaient considérables.

MARIE-THÉRÈSE. — Il ne faut pas que la gloire du grand Frédéric nous fasse oublier le mérite de Marie-Thérèse. « Cette femme, dit le roi de Prusse, voulait aller à la gloire par tous les chemins. » Elle mit de l'ordre dans les finances et s'attacha à discipliner son armée. Elle choisit des officiers capables, forma ses troupes aux grandes manœuvres dans des camps d'instruction, fonda une école d'artillerie et porta à six le nombre des bataillons de cette arme. Enfin, elle institua un collège, où la jeune noblesse était instruite dans tous les arts qui ont rapport à la guerre.

Quant à l'armée française, elle a manqué, surtout dans les premières campagnes, d'instruction, de discipline et d'esprit militaire. C'est plus tard qu'il nous faudra l'étudier.

GUERRE DE SEPT ANS (1756-1763). — La guerre de la succession d'Autriche avait non seulement ensanglanté l'Europe, mais encore mis les Anglais et les Français aux prises dans l'Amérique et dans l'Inde. La paix de 1748 n'arrêta pas les entreprises de l'Angleterre, qui voyait avec jalousie le développement de notre marine. En réponse à nos réclamations, elle fait capturer par sa flotte des vaisseaux de guerre français et ses corsaires courent sus à nos navires marchands sur toutes les mers. La guerre est rétablie : le duc de Richelieu s'empare de Port-Mahon dans l'île Minorque et La Galissonnière bat l'amiral Byng, que les Anglais impitoyables font juger et fusiller.

Sur le continent, la lutte est imminente entre la Prusse et l'Autriche qui recherche notre alliance. L'opinion en France était favorable à Frédéric; mais celui-ci ayant fait alliance avec l'Angleterre, le gouvernement français signe avec Marie-Thérèse le traité de Versailles (1756). L'impératrice s'assure également du concours de la Russie, de la Suède, de la Saxe et de tout l'Empire, sauf le Hanovre et Brunswick; la Pologne reste neutre, mais livre passage aux Russes.

Frédéric prévient ses ennemis. Il se jette sur la Saxe, prend Dresde, bloque dans le camp de Pirna l'armée saxonne; puis il se porte au-devant des Autrichiens qu'il bat à Lowositz en Bohême et revient faire capituler les Saxons qu'il incorpore dans son armée.

En 1757, il assiège Prague, après avoir battu une seconde fois le maréchal de Braun. Bientôt après, battu lui-même à Kollin par le maréchal de Daun, il se retire en Saxe. Pendant ce temps, 80,000 Français entrés en Westphalie sous d'Estrées remportent la victoire de Hastembeck sur le duc de Cumberland, qui commande l'armée anglo-hanovrienne. Une intrigue de cour remplace d'Estrées par Richelieu. Le Hanovre est occupé et mis au pillage; Cumberland, acculé sur le bas Elbe, signe la capitulation de Closterseven. Malheureusement, le maréchal de Richelieu néglige de la faire exécuter : les Anglo-Hanovriens se retirent dans leurs cantonnements, sans avoir même été désarmés. Cependant une deuxième armée française, conduite par Soubise, a joint l'armée allemande du prince de Saxe-Hildburghausen et marche par la Thuringe sur Leipzig; les Suédois ont débarqué en Poméranie; 100,000 Russes entrés en Prusse ont battu à Iaegersdorf le maréchal Lehwald; enfin, des coureurs autrichiens parviennent jusqu'à Berlin qui paie une contribution. Par une marche rapide, Frédéric traverse la Saxe, atteint l'armée de l'Empire et son contingent français et les met en déroute à Rosbach; puis, ramenant ses troupes en Silésie, où les Autrichiens ont battu son lieutenant, le prince de Bevern, il remporte sur Daun la grande victoire de Leuthen ou Lissa.

En même temps, Pitt reprend la direction du ministère anglais et pousse à la guerre avec une activité qui n'a d'égale que sa haine contre la France. La capitulation de Closterseven est désavouée et le prince Ferdinand de Brunswick mis à la tête de l'armée anglo-hanovrienne réorganisée. Le comte de Clermont avait remplacé Richelieu dans le commandement de l'armée de Hanovre : il est forcé de reculer, battu à Minden (1758), et repasse le Rhin; à Crevelt, il subit un nouvel échec. Heureusement, l'armée de Soubise a défait les Hessois et est entrée à Cassel. Ferdinand se retire à Munster, d'où les deux armées françaises ne pouvant le déloger regagnent leurs cantonnements.

Malgré ce triste début, la France s'engage à fond avec l'Autriche par le second traité de Versailles. Broglie bat d'abord à Bergen, sur la Nidda, le duc de Brunswick, puis se joint au maréchal de Contades, qui a succédé à Clermont. Le manque d'accord des deux généraux amène la déplorable et deuxième défaite de Minden (1759). Le duc de Broglie reste seul; un de ses lieutenants, le comte de Castries, est vainqueur à Clostercamp (1760). L'année suivante, Brunswick bat à Willighausen, près de la Lippe, les armées réunies de Broglie et de Soubise. La dernière campagne a lieu en Hesse et n'est pas non plus à l'honneur de nos armes.

Le même malheur nous poursuivait au delà des mers. En Amérique, nous perdons le Canada, malgré l'héroïque résistance de Montcalm et de Vaudreuil. Aux Indes, où Dupleix nous avait donné un vaste empire, Lally, après de premiers succès, est pris à Pondichéry et paie de sa tête la faute d'avoir été vaincu. Sur mer, nos flottes éprouvent les désastres de Lagos et de Belle-Isle ; et la conclusion du Pacte de famille ne fait qu'entraîner l'Espagne dans notre infortune.

Pendant que 150,000 Français ne font, durant quatre campagnes, que ravager le pays entre Rhin et Weser, le roi de Prusse lutte contre 200,000 Allemands, Russes et Suédois avec gloire, mais sans grands résultats. Les Autrichiens, sous la conduite de Daun et de Laudon, combattent en Saxe, en Silésie et en Bohême, avec des alternatives de succès et de revers. Les Russes sont commandés par Apraxin, Fermor, Soltykof, Boutourlin, qui, gagnés par les intrigues et l'argent, livrent de sanglantes batailles à Iaegersdorf, Zorndorf, Zullichau, Kunersdorf, occupent plusieurs fois Berlin, enveloppent Frédéric lui-même et ne retirent aucun profit de leurs succès. En 1762, Pierre III, fervent admirateur du roi de Prusse, remplace sur le trône Élisabeth; mais il est détrôné lui-même par sa femme, Catherine II, qui se déclare neutre.

Traité de Paris (1763). — La paix est signée à *Paris* (1763) entre la France, l'Espagne et l'Angleterre ; à Hubertsbourg entre la Prusse, l'Autriche et ses alliés allemands. Le *statu quo ante bellum* est rétabli en Europe. Nous rendons Minorque ; on démolit les fortifications de Dunkerque ; nous cédons à l'Angleterre le Canada, l'Acadie, toute la rive gauche du Mississipi, plusieurs Antilles, le Sénégal, les Indes sauf Poudichéry démantelé, et à l'Espagne le reste de la Louisiane, pour la dédommager de la perte de la Floride.

« Ainsi, dit Frédéric, finit cette guerre cruelle qui pensa bouleverser l'Europe, sans qu'aucune puissance, à l'exception de la Grande-Bretagne, étendit le moins du monde les limites de sa domination. »

CHAPITRE VII.

Louis XVI. — Guerre d'Amérique (traité de Paris). — État militaire de la France en 1789.

RÉFORME DE L'ARMÉE FRANÇAISE. — Malgré ses revers, causés par la mésintelligence des généraux et la prétention du cabinet français de diriger les affaires de Versailles, l'armée se relève et s'améliore pendant les dernières campagnes de la guerre de Sept Ans. Ce progrès est dû au maréchal de Belle-Isle, puis au duc de Choiseul. C'est l'armée prussienne qui sert de modèle : on s'en approprie la tactique, les manœuvres, les règlements. Cependant, cette imitation ne se fait pas sans résistance. Guibert, qui tient pour l'ordre mince, est combattu par Ménil-Durand, défenseur de l'ordre profond. Un plus grand intérêt s'attache aux réformes du comte de Saint-Germain. Appelé en 1775 à la guerre par l'influence de Turgot, ministre de Louis XVI, ce général, dont la vie militaire s'était passée principalement en Allemagne et en Danemark, apporte aux affaires des idées de réforme à la prussienne avec les défauts d'un caractère orgueilleux et difficile. Il ne parvient pas à faire admettre la rigueur des punitions corporelles disciplinaires. Mais c'est lui qui a réparti le territoire français en divisions militaires; c'est lui aussi qui a détruit en principe la vénalité des charges militaires, le trafic des compagnies et des régiments.

GUERRE D'AMÉRIQUE (1775-1783).

TROUBLES D'AMÉRIQUE (1773-1776). — A cette armée nouvelle, à la marine relevée par Choiseul, l'occasion de se montrer va se produire dans l'Amérique septentrionale. La guerre de Sept Ans avait débuté dans ces lointains parages par des rixes entre les colons. Après la signature du traité de Paris, les treize colonies anglaises croyaient volontiers la métropole obligée envers elles à la reconnaissance. Cependant celle-ci avait besoin d'argent : le ministère de lord North propose de nouvelles taxes, que le Parlement accepte et fait mettre en perception. L'opposition des colons est tellement opiniâtre, que le ministère révoque l'acte du timbre; mais il augmente les anciens droits, il en établit de nouveaux sur certaines denrées, comme le thé, le papier, le verre. Le gouvernement cède encore et supprime les nouveaux tarifs, à l'exception des droits sur le thé. Trois navires chargés de thé arrivent à Boston : des bandes d'hommes peints et déguisés en sauvages abordent les vaisseaux de la Compagnie des Indes, brisent les caisses et jettent « le poison de l'esclavage » à la mer. C'était une insulte à l'Angleterre, c'était une révolution (16 décembre 1773).

Le général Gage, commandant en chef de toutes les forces militaires d'Amérique, est nommé gouverneur du Massachusetts et chargé de fermer le port de Boston. De leur côté, les colonies accueillent avec enthousiasme l'idée d'un congrès, et leurs délégués se réunissent à Philadelphie. Les idées séparatistes y font de rapides progrès : on vote des subsides, on ordonne la levée des milices dont le commandement est donné à Washington.

Tout espoir de conciliation n'a cependant pas disparu, quand le sang coule dans une escarmouche que les Américains ont appelée la bataille de Lexington. Le général Gage, voulant détruire les armes et les munitions que les colons avaient réunies à Concord, envoie un détachement qui rencontre la milice de Lexington et rentre avec perte de 300 hommes. Les colons bloquent les Anglais dans Boston; puis, enhardis par ce facile succès, ils dirigent sur Québec une expédition qui échoue par suite de l'antipathie des Canadiens pour eux.

Le 4 juillet 1776, le Congrès proclame l'indépendance des colonies sous le nom d'États-Unis d'Amérique.

Le Parlement anglais vote l'enrôlement de 28,000 marins et de 55,000 soldats, dont 17,000 Allemands.

Premiers événements de la guerre (1776-1778). — Les débuts de la guerre sont malheureux pour les troupes américaines. Partout les milices lâchent pied, prises d'une terreur panique. Le Congrès décerne alors la dictature militaire à Washington avec les pouvoirs les plus étendus.

Dès les premières querelles entre les colonies et la métropole, la France, désireuse de prendre sa revanche de la guerre de Sept

Ans, avait eu l'œil ouvert sur ces difficultés. Le comte de Vergennes, ministre des affaires étrangères, s'était d'abord contenté de faciliter l'embarquement d'armes et de munitions destinées à l'Amérique. L'envoyé américain, Franklin, par son adresse, sait donner à son pays une force toute-puissante en France, l'opinion. Le jeune marquis de La Fayette part sur un vaisseau équipé à ses frais, débarque à Charleston et rejoint Washington, dont l'armée n'est que de 11,000 hommes mal armés, plus mal vêtus.

Cependant, l'Angleterre fait un grand effort pour la campagne de 1777. Une armée, sous le général Howe, débarque au fond de la Chesapeake, bat Washington sur la Brandywine, affluent de la Delaware, et s'empare de Philadelphie. Une autre armée, commandée par le général Burgoyne, part du Canada, et, à travers un pays couvert de bois et de marécages, se dirige vers New-York. Le général américain Gates harcèle son adversaire, le défait à Saratoga sur des positions choisies par le Polonais Kosciusko et le force à déposer les armes.

Les Français en Amérique. — Cet événement décide le gouvernement de Louis XVI à signer un traité (6 février 1778), par lequel il reconnait l'indépendance de l'Amérique et s'engage à la soutenir. C'était le salut pour les insurgés, c'était aussi pour la France la guerre avec l'Angleterre.

Notre marine, sous les amiraux d'Orvilliers et d'Estaing dans l'Atlantique et la mer des Antilles, avec le bailli de Suffren dans l'océan Indien, soutient la lutte avec un éclat qu'elle ne connaissait plus depuis les beaux temps de Tourville et de Du Quesne. L'excès des prétentions de l'Angleterre, qui s'était attribué le droit de visite, va bientôt tourner contre elle l'Espagne et la Hollande et amener les puissances du Nord à former, sous le patronage de Catherine II, la ligue des neutres.

Les années 1778 et 1779 se passent sans combats sérieux. Les forces anglaises, bien réduites, se bornent à faire quelques expéditions sur les côtes. L'armée américaine, également réduite, mal payée, mal vêtue, mal nourrie, ne peut rien empêcher. De part et d'autre, on attend l'arrivée des troupes françaises, qui doivent, pour ainsi dire, décider l'affaire avec les Anglais.

En 1780, une division française, de plus de 5,000 hommes, commandée par le comte de Rochambeau, aide Washington à se rendre maitre du Rhode-Island. L'année suivante, le comte de

Grasse arrive avec une flotte de guerre et 4,000 hommes de troupes. Le général Cornwallis, débarqué dans la baie de Chesapeake, ayant Richmond pour objectif, poursuivait La Fayette. Washington, prenant le commandement de l'armée combinée, force Cornwallis à s'enfermer dans Yorktown, où il est assiégé par 18,000 hommes. Les Anglais, au nombre de 7,000, sont obligés de se rendre, les troupes de terre prisonnières des États-Unis, les troupes de mer, de la France. En Europe, le duc de Crillon avait pris Minorque.

Traité de Paris (20 janvier 1783). — Le gouvernement anglais se décide à faire la paix. En dépit de l'engagement pris de ne pas négocier séparément, les commissaires américains signent un traité, par lequel l'Angleterre reconnait l'indépendance des treize colonies et leur accorde des frontières avantageuses (30 novembre 1782). Dès lors, la France et son alliée, l'Espagne, n'ont plus qu'à signer à leur tour le traité de Paris (20 janvier 1783). La France recouvre le Sénégal, le droit de fortifier Dunkerque, et améliore son droit de pêche à Terre-Neuve par la cession qui lui est faite des îles Saint-Pierre et Miquelon. L'Espagne rentre en possession de Minorque et de la Floride.

Cette guerre d'Amérique, militairement peu considérable, est une revanche sur l'Angleterre de la guerre de Sept Ans. Elle consacre le relèvement de l'armée et de la marine françaises.

État militaire de la France en 1789.

Au 1er janvier 1789, les forces militaires de la France étaient les suivantes :

1° L'armée active, dont le complet de paix devait avoir (25,000 étrangers non comptés) 170,000 hommes et comprenant :

2 régiments des gardes — gardes françaises (6 bataillons), gardes suisses (4 bataillons) ;

79 régiments d'infanterie française et 23 d'infanterie étrangère, tous formés à 2 bataillons, à l'exception du régiment du Roi qui en avait 4 — (206 bataillons) ;

12 bataillons de chasseurs à pied ;

7 régiments des colonies ;

7 régiments d'artillerie à 2 bataillons ;

7 compagnies de mineurs et 9 d'ouvriers ;

25 régiments de cavalerie proprement dite ;

18 régiments de dragons ;

12 régiments de chasseurs à cheval ;

6 régiments de hussards ;

En tout, 203 escadrons de troupes à cheval.

L'effectif présent sous les drapeaux était d'environ :

127,000 fantassins (sans compter les gardes et les cent-suisses) ;

35,000 cavaliers (non compris les gardes du corps) ;

8,500 artilleurs, mineurs et ouvriers.

2° Les milices ou troupes provinciales comptaient 55,000 hommes sur le pied de paix et 76,000 hommes en temps de guerre. Elles formaient la réserve de l'armée active et comprenaient :

13 régiments de grenadiers royaux à 2 bataillons ;

14 régiments dits provinciaux ;

79 bataillons de garnison rattachés aux 79 régiments d'infanterie française et destinés particulièrement à la garde des places et des frontières.

3° Les canonniers gardes-côtes ; 26,000 hommes.

L'armée active était recrutée uniquement par des engagements volontaires avec prime. Il n'en était pas de même des troupes provinciales et des canonniers gardes-côtes, dont le personnel était fourni par la voie du tirage au sort. L'enrôlement ou le tirage au sort donnaient environ 40,000 hommes chaque année.

En résumé, la royauté léguait à la Révolution une infanterie instruite et solidement encadrée, une belle cavalerie, une artillerie qui était la première de l'Europe, un remarquable corps d'ingénieurs.

CHAPITRE VIII.

Institutions militaires de la Révolution. — Campagnes de 1792, 1793, 1794 et 1795.

LES VOLONTAIRES ET LES RÉQUISITIONNAIRES. — L'Assemblée nationale constituante, s'inspirant des réclamations des provinces contre le tirage au sort, commence par déclarer que ce mode de recrutement lui paraît contraire à l'esprit d'égalité. En conséquence, le 4 mars 1791, elle décrète la suppression des troupes provinciales. Quoi qu'il en soit, le tirage au sort ne tarde pas à reparaître et à s'imposer comme une loi fatale.

Ce décret marque le début de l'ère des volontaires. L'armée de ligne elle-même ne se recrute plus. Tout d'abord, la participation prise par les gardes françaises à la prise de la Bastille (14 juillet 1789) amène la suppression de ce corps d'élite. La politique envahit l'armée ; l'indiscipline désorganise la plupart des régiments. A la fin de 1790, il manque plus de 30,000 hommes à l'effectif ; un an après, plus de 50,000.

Pour répondre aux besoins de la guerre qui va s'engager et pour combler les vides produits par l'émigration et par la désertion, dès les premiers bruits de rupture entre la France et l'Autriche, on parle de mettre en activité des corps tirés de la garde nationale. Un décret du 21 juin 1791 appelle sous les armes 100,000 volontaires nationaux qui doivent former 169 bataillons. Ce furent les vrais volontaires de la Révolution : avec des cadres tirés en partie des anciennes milices, ils rendirent de bons services et fournirent un grand nombre de généraux à la République.

Malheureusement, la guerre débute sous les plus tristes auspices. Les 28 et 29 avril 1792, deux incroyables paniques ramènent dans le plus grand désordre à Lille et à Valenciennes deux colonnes de l'armée du Nord. Les fuyards massacrent le général Dillon, et le général Biron n'est soustrait à la rage de ses soldats que grâce à la fermeté des magistrats. Il faut se hâter de dire que ces horribles excès d'insubordination amènent une réaction salutaire vers l'ordre, la discipline et l'honneur militaire.

Le 25 janvier 1792, un décret invite les gardes nationaux de 18 à 50 ans à contracter un engagement pour servir dans les troupes de ligne. La prime offerte n'attire personne. Alors, le 4 juillet de la même année, l'Assemblée législative met en activité permanente tous les citoyens en état de servir et les oblige à choisir parmi eux ceux qui devront d'abord être appelés. C'est cette deuxième levée que l'on a appelée les volontaires de 1792.

En 1793, les mesures précédentes ne suffisant pas à alimenter les armées, le 20 février, la Convention décrète que tous les citoyens de 18 à 40 ans, non mariés ou veufs avec enfants, sont mis en état de réquisition permanente, jusqu'à ce qu'on ait atteint le chiffre de 300,000 hommes de nouvelle levée. Si les enrôlements ne produisent pas le nombre d'hommes fixé pour chaque commune, les citoyens sont tenus de le compléter. Le chiffre de ceux qui rejoignirent se trouva sensiblement inférieur à celui qu'on avait espéré. En même temps, la Convention adopte le principe de la fusion entre les éléments militaires de diverses provenances.

Le 23 août 1793, la levée en masse est décrétée. Tous les Français sont en état de réquisition permanente, jusqu'à l'expulsion des ennemis du sol de la République; les citoyens non mariés de 18 à 25 ans partiront les premiers.

En octobre 1793, les neuf armées comptent 650,000 hommes et 718,000 en juillet 1794.

L'amalgame. — Les réquisitionnaires sont d'abord incorporés dans les anciens bataillons; puis on procède à l'almalgame. Des 218 bataillons d'infanterie de ligne ou légère et des 725 bataillons de volontaires, on forme 218 demi-brigades, composées chacune d'un bataillon régulier et de deux bataillons de volontaires, plus un certain nombre de demi-brigades composées de volontaires. En 1796, le nombre des demi-brigades est réduit à 110 pour l'infanterie de ligne et à 30 pour l'infanterie légère.

Premières campagnes de la Révolution.

Au peu de cohésion des forces françaises pendant les premières campagnes de la Révolution, il faut ajouter l'instabilité perpétuelle du commandement. L'armée du Nord, par exemple, a six généraux en chef en 1792, dix en 1793, quatre en 1794.

Campagne de 1792. — Heureusement, il y a peu d'accord dans la coalition. En 1792, elle ne se compose que de l'Autriche, de la Prusse et de la Sardaigne. Les Autrichiens se contentent de bombarder Lille, qui résiste avec héroïsme. Le duc de Brunswick après avoir publié un manifeste plein de menaces, marche sur Paris avec 80,000 Prussiens ; Longwy et Verdun tombent en son pouvoir. Mais Dumouriez organise la défense de l'Argonne, et, après la prise d'un des défilés de la forêt, il prend position sur le flanc gauche de l'ennemi pour le combattre. Son audacieuse attitude à Valmy, la fermeté du corps de Kellermann pendant la canonnade, la nouvelle d'un rassemblement de troupes à Châlons déconcertent Brunswick et le déterminent à battre en retraite. Pendant ce temps, Custine, prenant l'offensive le long du Rhin, avait envahi le Palatinat, pris Spire, Worms, la grande place de Mayence et poussé jusqu'à Francfort. Sur les Alpes, Montesquiou avait conquis la Savoie et Anselme le comté de Nice. Enfin, Dumouriez se porte contre les Autrichiens et gagne la bataille de Jemmapes, qui nous donne les Pays-Bas.

Ainsi, dès la première campagne, la République repousse l'attaque de la coalition et conquiert presque ses frontières naturelles.

Campagne de 1793. — En 1793, la mort de Louis XVI arme contre la France les États qui hésitaient encore, l'Angleterre, la Hollande et l'Espagne. Malgré cette augmentation de forces, même indécision, même lenteur du côté des coalisés. Dumouriez, vaincu à Neerwinden, après une invasion manquée en Hollande, évacue la Belgique et se déclare contre la Convention. Mais, au lieu de marcher tous ensemble sur Paris, les coalisés ne songent qu'à leurs intérêts particuliers. Les Anglo-Hollandais, commandés par le duc d'York, prennent Dunkerque pour objectif, tandis que le prince de Cobourg attaque les places de l'Escaut. Condé et

Valenciennes tombent au pouvoir des Autrichiens, et Mayence, après un siége mémorable où se distingue Kléber, est obligé de se rendre aux Prussiens. Ceux-ci, après la prise de cette ville, se tiennent presque inactifs entre le Rhin et la Moselle.

Houchard, qui remplace Custine à l'armée du Nord, bat les Anglais et les Hollandais à Hondschoote et à Menin et force le duc d'York à lever le siége de Dunkerque. Les Autrichiens avaient pris le Quesnoy : Jourdan les défait à Wattignies en avant de Maubeuge et débloque cette ville. Dans les Vosges, les Français perdent d'abord les batailles de Pirmasens et de Kaiserslautern. Alors Hoche, avec l'armée de la Moselle, se dérobant aux Prussiens, tombe à travers les montagnes sur le flanc droit des Autrichiens que Pichegru attaque de front, reprend les lignes de Wissembourg et oblige les Impériaux à repasser le Rhin. Les Prussiens, découverts par suite de la retraite de leurs alliés, reculent jusque sous le canon de Mayence.

Sur la frontière des Pyrénées, le général espagnol Ricardos s'empare d'une partie du Roussillon. Mais Lyon qui s'était soulevé contre la Convention est pris et les Anglais sont chassés de Toulon.

Campagne de 1794. — Pendant l'été de 1794, les opérations continuent dans le nord. On sent que les forces militaires de la France commencent à s'organiser. L'amalgame donne déjà de bons résultats ; c'est avec les nouvelles demi-brigades que Jourdan gagne sur Cobourg la grande bataille de Fleurus, puis les combats complémentaires de l'Ourthe et de la Roër, qui obligent les Autrichiens à repasser le Rhin. La Belgique est de nouveau occupée, et Pichegru, en plein hiver, s'en va conquérir la Hollande.

Sur les Alpes, le général Dumerbion fait tomber le camp des Piémontais à Saorgio, au col de Tende. Dans le Roussillon, Dugommier force le camp du Boulou, sur le Tech, et s'empare de Bellegarde. Figuières ouvre ses portes, pendant qu'à l'autre extrémité de la chaîne pyrénéenne Moncey fait la conquête du Guipuzcoa.

Traités de Bale et de la Haye (1795). — La Prusse et l'Espagne, effrayées de voir les Français en Westphalie et sur l'Ebre, demandent à traiter. Par le premier traité de Bâle

(5 avril 1795), la Prusse cède à la République ses possessions de la rive gauche du Rhin et s'engage à la neutralité ; par le second traité de Bâle (22 juillet), l'Espagne fait également sa paix. Quant à la Hollande, devenue République batave, elle cède à la France, par le traité de la Haye, tout ce qu'elle possède sur la rive gauche de l'Escaut et de la Meuse.

CAMPAGNE DE 1795. — La coalition ne se compose plus que de l'Angleterre, dont l'action n'est que maritime, de l'Autriche et de la Sardaigne qu'il faut combattre en Allemagne et en Italie. Depuis les derniers traités, la France a ses frontières naturelles, moins Mayence. Pour se remettre en possession de cette place, qu'assiége Kléber, le glorieux défenseur de 1793, il faut couper ses communications avec l'armée autrichienne et battre cette armée. Le gouvernement du Directoire donne l'armée de Sambre-et-Meuse à Jourdan, celle de Rhin-et-Moselle à Pichegru. Ces deux généraux doivent passer le Rhin, le premier à Dusseldorf, le second à Manheim, et chercher à se réunir sur le Mein. La partie du plan confiée à Jourdan est seule exécutée. Pichegru, qui est de connivence avec les émigrés, agit tard et mollement : au premier obstacle, il se retire, laissant l'ennemi porter contre Jourdan tout son effort et le refouler au delà du Rhin. Les Autrichiens débloquent Mayence et rentrent dans les provinces de la rive gauche. L'armée de Rhin-et-Moselle est rejetée vers les Vosges; quant à l'armée de Sambre-et-Meuse, elle se maintient sur la ligne de la Nahe, en conservant Coblentz.

Ainsi a été manquée la campagne de 1795, non par la faute de l'armée française devenue excellente, mais par la faute volontaire d'un de ses chefs. L'année 1796 allait réparer, et au delà, ces revers.

CHAPITRE IX.

Bonaparte : Campagnes de 1796-1797 en Italie et en Allemagne (traité de Campo-Formio).

Le plan de la campagne de 1796 était de porter la guerre au cœur des États autrichiens et de marcher simultanément sur Vienne, par le Mein, le Danube et le Pô. Jourdan commandait l'armée de Sambre-et-Meuse; Moreau eut l'armée de Rhin-et-Moselle; Bonaparte, l'armée d'Italie.

Depuis la conquête de la Savoie et de Nice, en 1792, la guerre se poursuivait lentement dans les Alpes méridionales. Dumerbion, en 1794, s'était rendu maître du col de Tende, par la victoire de Saorgio. Schérer, en 1795, osa enfin s'aventurer dans l'étroit défilé resserré entre les montagnes et la mer, battit les Autrichiens à Loano et occupa le littoral jusqu'à Savone.

Campagne d'Italie (1796-1797). — Quand Bonaparte, à la fin de mars 1796, vient prendre le commandement de l'armée d'Italie, il la trouve disséminée dans les Alpes, entre Ormea et Savone. Son effectif sur le papier était considérable, 106,000 hommes; mais, défalcation faite des pertes et des 50,000 hommes laissés en Provence, les forces actives se réduisent à quatre divisions d'infanterie, 2,500 chevaux et 30 pièces d'artillerie attelées : soit environ 30,000 soldats éprouvés, aguerris, durs à la fatigue, mais que le Directoire laisse sans solde, sans habits, sans souliers et sans pain.

L'ennemi a 70,000 hommes : 25,000 Piémontais forment la droite, sous les ordres de Colli, au camp de Ceva; 45,000 Autrichiens, sous Beaulieu, forment le centre et la gauche, des sources des deux Bormida au col de la Bocchetta. Bonaparte conçoit le dessein de percer cette longue ligne de 100 kilomètres et pour cela d'en attaquer le centre à Cadibone, au point le plus déprimé de la chaine : il garde avec lui les divisions Augereau et Masséna, laisse à gauche la division Serrurier à Garessio, pour surveiller les Piémontais et simule un mouvement offensif sur sa droite, en portant la division Laharpe sur Voltri et en faisant demander au sénat de Gênes le passage par la Bocchetta.

Alors commence le premier acte de ce grand drame militaire, que l'on peut diviser en cinq parties :

Première partie (11 avril-4 juin). — Beaulieu, trompé par la démonstration de Laharpe, dégarnit son centre à Dego pour se concentrer en face de Voltri. A la nouvelle de ce mouvement, Bonaparte occupe avec ses deux divisions le col de Cadibone. Pendant que Laharpe fait face aux Autrichiens, il achève de les tourner par le combat de Montenotte. Se retournant alors contre les Piémontais, il les bat à Mellesino et les rejette sur Ceva ; en même temps, à droite, une colonne autrichienne, rappelée de Voltri, est défaite à Dego et repoussée dans la direction d'Acqui. La séparation entre les deux corps ennemis est complète. Les Autrichiens démoralisés se mettent en retraite sur Milan. Colli isolé repasse le Tanaro et essaie de couvrir la route de Turin ; mais, vivement poursuivi par Bonaparte qui veut en finir avec lui, il est battu à Mondovi. Le roi de Sardaigne s'avoue vaincu. Le 28 avril, est signé l'armistice de Cherasco, par lequel les routes des Alpes, ainsi que les places de Coni, Tortone et Alexandrie, sont livrées aux Français.

Cependant, Beaulieu s'était fortifié entre la Sésia, le Pô et le Tésin. Bonaparte se présente devant lui ; puis, se dérobant avec 4,000 hommes, il passe à Plaisance le Pô sur un pont qu'il fait établir, renverse près de Fombio la gauche autrichienne et la rejette sur Pizzighitone. Beaulieu se retire en toute hâte derrière l'Adda, à Lodi, dont le pont est emporté par les Français après un rude combat. Les débris de l'armée autrichienne évacuent le Milanais, pénètrent sur le territoire vénitien et vont se reformer derrière le Mincio. Bonaparte fait son entrée à Milan, organise provisoirement la Lombardie ; puis, se portant contre Beaulieu, il force le passage du fleuve à Borghetto et rejette l'ennemi dans les gorges du Tyrol. Alors, malgré l'opposition de Venise, il occupe Peschiera, Vérone, Legnago et commence le blocus de Mantoue.

Déjà, pendant l'action précédente, Bonaparte avait dû réprimer des insurrections (Pavie) et s'était occupé des conditions d'armistices signés avec les ducs de Parme et de Modène. Libre de ses mouvements, il impose à la cour de Rome un armistice, lui enlève les légations de Bologne et de Ferrare, occupe Livourne dans les États de Toscane, exige du roi de Naples qu'il ferme ses ports aux Anglais et lève des contributions de toute nature.

Deuxième partie (29 juillet-6 août). — Cette soumission de l'Italie n'était qu'apparente. Wurmser arrive ; elle jette le masque.

Les Autrichiens débouchent du Tyrol : 20,000 hommes avec Quasdanovich par la route de Trente à la Chiese, à l'ouest du lac de Garde ; 40,000 hommes sous Wurmser lui-même par les deux rives de l'Adige jusqu'à Vérone. Bonaparte a 30,000 hommes à peine, disséminés de Salo à Legnago, le corps principal devant Mantoue. Sauret est battu à Salo, Masséna repoussé de Rivoli. Bonaparte alors prend un grand parti : il lève le siège de Mantoue, appelle à lui ses divisions détachées et se concentre au sud du lac de Garde, de façon à se trouver entre les colonnes ennemies qui descendent de chaque côté du lac et à pouvoir les combattre séparement. La droite autrichienne est culbutée à Lonato ; deux divisions de Wurmser éprouvent à Castiglione le même sort que Quasdanovich. Enfin, Wurmser, rappelé de Mantoue par ces derniers événements, est rejeté sur la rive gauche de l'Adige. Telle est cette fameuse campagne des cinq jours, qui coûte 20,000 hommes à l'Autriche et nous rend toutes nos positions militaires en Italie.

Troisième partie (3-15 septembre). — Wurmser, auquel on a refait une armée de 50,000 hommes, reprend bientôt l'offensive. Il laisse son lieutenant Davidovich sur l'Adige et se dirige lui-même par la vallée de la Brenta sur Bassano et Vicence, pour tenter encore une fois la délivrance de Mantoue. Bonaparte, qui n'a laissé que de faibles corps devant Mantoue et à Vérone pour se porter à sa rencontre, remonte la vallée de l'Adige, enlève coup sur coup la ville de Roverdo et les gorges de Calliano, occupe Trente ; puis, apprenant que Wurmser s'est engagé dans la vallée de la Brenta, il s'y jette après lui, l'atteint à Primolano et à Bassano, le rejette sur Vicence et le force à s'enfermer dans Mantoue, après un dernier échec devant le faubourg Saint-Georges. Dès lors, Bonaparte n'a plus qu'à attendre la chute de cette place par la famine, car les revers des armées d'Allemagne lui interdisent la pensée d'aller les rejoindre à travers le Tyrol.

Opérations des armées d'Allemagne. — Les armées d'Allemagne n'ont commencé leurs opérations que dans le mois de juin. Jourdan avec 56,000 hommes et Moreau avec 70,000 sont opposés à l'archiduc Charles, dont l'armée, forte de 110,000 soldats, s'étend de Manheim à Bâle. Jourdan le premier passe le fleuve, bat les Autrichiens à Altenkirchen, mais est bientôt obligé de reculer devant les forces réunies de l'archiduc. Moreau, dégagé par la diversion de Jourdan, s'est emparé de Kehl et a conquis les passages de la Forêt-Noire par les deux victoires de Renchen et de Rastadt. L'archiduc se retire sur le Danube, entre Ulm et Ratisbonne. Alors Jourdan se reporte en avant, bloque Mayence, repousse Wartensleben qui lui est opposé, occupe Francfort, Wurzbourg, Bamberg, Amberg et détache une division pour donner la main à Moreau. Mais celui-ci, vainqueur à Neresheim, ne songe qu'à s'étendre par sa droite en Bavière, pour rejoindre Bonaparte dans le Tyrol. Par une résolution hardie, l'archiduc Charles, laissant un corps devant Moreau, se porte sur la Naab pour se joindre à son lieutenant Wartensleben et écraser Jourdan. Ce dernier est, en effet, forcé de battre en retraite, défait à Wurzbourg, rejeté sur la Lahn et forcé de repasser le Rhin. Cependant, Moreau était arrivé aux portes de Munich. Mais, dans la crainte de voir ses communications coupées, il se met en retraite à son tour, bat à Biberach sur la Riss les Autrichiens qui le suivaient de trop près, traverse le Val d'Enfer et arrive sur le Rhin, sans avoir fait aucune perte pendant une marche de vingt-six jours. Il repousse ensuite les avant-gardes de l'archiduc Charles et repasse sur la rive gauche du Rhin par Brisach et Huningue.

Quatrième partie (5-20 novembre). — En Italie, Alvinzi a remplacé Wurmser enfermé dans Mantoue ; il a 40.000 hommes dans le Frioul et 20,000 dans le Tyrol sous Davidovich. Ces deux généraux doivent se réunir sous Vérone, accabler Bonaparte par des forces doubles et délivrer Wurmser. Partout les Français sont refoulés, Vaubois sur Calliano et de là sur Rivoli, Masséna sur Bassano, puis sur Vérone, et Alvinzi vient occuper la forte position de Caldiero. Bonaparte l'y attaque et fait pour le déposter d'héroïques, mais inutiles efforts. Alors, sortant de Vérone par la porte de Milan, il côtoie la rive droite de l'Adige, repasse le fleuve à Ronco et se trouve sur le flanc de l'ennemi au milieu de marais coupés seulement par deux chaussées, dont l'une à gauche va à Vérone, l'autre à droite travers un ruisseau, l'Alpone, au village d'Arcole, et rejoint la route de Vérone à Vicence derrière les retranchements de Caldiero. Là, s'engage une terrible bataille de trois jours. Enfin, Arcole est conquis par les Français et les Autrichiens épuisés se retirent en désordre sur Vicence.

Cependant, Vaubois reculait lentement devant Davidowich. Bonaparte lui envoie des secours et le général autrichien bat en retraite et ne s'arrête qu'à Roveredo.

A la fin de 1796, Bonaparte reçoit enfin quelques renforts, qui portent son armée à 40,000 hommes répartis de la sorte : 10,000 avec Serrurier devant Mantoue ; 8,000 à Vérone sous Masséna, autant à Legnago sous Augereau ; 10,000 avec Joubert sur le plateau de Rivoli ; Ney, avec une réserve de 4,000 hommes, se tient aux environs de Peschiera.

Cinquième partie (8 janvier-2 février 1797). — Comme Wurmser, Alvinzi veut prendre sa revanche et renverse son premier plan. C'est du Tyrol, où il a 45,000 hommes, que va partir sa principale attaque, pendant que son lieutenant, Provera, avec 20,000 hommes, arrive du Frioul. Laissant Augereau pour tenir tête à Provera, Bonaparte se porte avec la division Masséna au secours de Joubert sur le plateau de Rivoli, dont les colonnes autrichiennes commencent déjà à gravir les pentes. Il culbute la colonne de cavalerie et d'artillerie, au moment où elle va déboucher, et l'infanterie restée seule cède aux attaques multipliées de Joubert et de Masséna. Pendant que Joubert, continuant le mouvement, atteint Alvinzi sur les hauteurs de la Corona et le repousse au-delà de Trente, Bonaparte ramenant avec lui l'infatigable division Masséna, qui fait en combattant dix-huit lieues en trois jours, parvient devant Mantoue, où il trouve Provera qui a surpris le passage de l'Adige. Le général autrichien est battu à la Favorite et forcé de mettre bas les armes. Désespéré et réduit par la famine, Wurmser capitule enfin dans Mantoue avec 12,000 hommes et un matériel considérable.

Le général Bonaparte pourvoit alors à la sûreté de l'Italie. Il organise des troupes lombardes, qui laissent disponibles les détachements français distribués dans le pays. Déjà la République cispadane avait été formée des États du duc de Modène, privé du trône pour ses intelligences secrètes avec l'Autriche, ainsi que de Bologne et Ferrare enlevés au Pape. Bonaparte marche sur Rome et impose au gouvernement pontifical le traité de Tolentino.

Fin de la campagne de 1797. — Libre de ses mouvements et se voyant à la tête de 55,000 hommes de troupes actives, par suite de l'arrivée des divisions Delmas et Bernadotte de l'armée du Rhin, Bonaparte forme le dessein d'aller chercher la paix à Vienne. Joubert doit marcher avec 20,000 hommes par le Tyrol, lui-même par le Frioul avec 25,000, puis se joindre à Masséna qui, au centre, avec 10,000 hommes, se sera rendu maitre du col de Tarwis. L'armée réunie marchera ensuite sur Vienne par la Carinthie et la vallée de la Muhr. Les Autrichiens sont commandés par l'archiduc Charles ; mais ils sont démoralisés et ne tiennent sérieusement nulle part. Le Tagliamento, l'Isonzo sont successivement forcés ; Masséna s'empare du col de Tarwis, tandis que Joubert passant le col de Toblach, arrive à Villach, et que Bernadotte occupe Laybach et Trieste. Bonaparte entre à Klagenfurth, force les gorges de Neumark dans un dernier combat avec l'archiduc et arrive à Léoben, en Styrie, à trente lieues de Vienne. C'est dans cette petite ville que Bonaparte prend sur lui de signer avec l'Autriche des préliminaires de paix (18 avril). A ce moment, l'armée de Sambre-et-Meuse sous le commandement de Hoche et celle de Rhin-et-Moselle avec Moreau venaient enfin d'entrer en campagne, et, après de premiers succès, allaient se joindre sur le Mein.

Trois jours avant Léoben, une insurrection provoquée contre les Français, par la politique perfide de Venise, avait ensanglanté Vérone. Ce fut l'arrêt de mort de la vieille République. L'État de Gênes continua d'exister sous le nom de République Ligurienne. La Lombardie, accrue de Bergame, Brescia, Mantoue, de la Valteline et de la Cispadane, forma la République Cisalpine.

Traité de Campo-Formio. — Enfin, le 17 octobre 1797, est signé à Campo-Formio le traité définitif entre Bonaparte pour la France et le comte de Cobentzel pour l'Autriche. L'Empereur reconnait à la France la possession des Pays-Bas, de la rive gauche du Rhin et des îles Ioniennes ; à la République Cisalpine celle de Mantoue. En retour, il reçoit la Vénétie, le Frioul, l'Istrie et la Dalmatie. Un congrès doit se réunir à Rastadt, pour asseoir les bases d'une paix définitive entre la République française et l'Empire.

CHAPITRE X.

Campagne d'Egypte (1798-1801).

De retour à Paris, après la signature du traité de Campo-Formio, Bonaparte est l'objet d'un tel enthousiasme, que le Directoire se sent désormais menacé par l'ambition du vainqueur. Aussi, dès qu'il parle d'aller en Égypte pour tâcher d'atteindre en Orient la puissance de l'Angleterre, on le prend au mot avec d'autant plus d'ardeur que l'entreprise semble plus chimérique. Le secret de l'expédition est merveilleusement gardé. Dans le but apparent et divulgué d'une descente en Angleterre, de grands préparatifs sont faits particulièrement dans les ports de Marseille, Toulon, Gênes, Ajaccio et Civita-Vecchia.

Le 10 mai 1878, Bonaparte prend la mer avec trente-trois bâtiments de guerre et deux cent-trente-deux de transport, qui ont à bord une armée de 32,000 hommes, comprenant 25,000 fantassins, 4,000 cavaliers et 3,000 artilleurs. L'amiral Brueys commande la flotte. Les généraux sont Kléber, Desaix, Reynier, Lannes, Berthier, Murat. Des savants illustres, comme Monge, Berthollet, accompagnent l'expédition.

Arrivé devant Malte, Bonaparte négocie avec le grand-maître des chevaliers de Saint-Jean-de-Jérusalem. Une convention nous livre cette île importante, qui doit relier Toulon avec Corfou et Alexandrie et assurer à la France la domination de la Méditerranée. Vaubois, avec 3,000 hommes, est laissé à la Valette.

Cependant Nelson, après s'être obstiné longtemps à garder le détroit de Gibraltar, s'était mis à la recherche de l'expédition et venait de dépasser Alexandrie, quand la flotte française y arriva. Kléber, débarqué le premier avec quelques bataillons, emporte la ville et, blessé dans le combat, reste pour en commander la garnison. Le reste de l'armée marche sur le Caire à travers le désert de Damanhour et, après quatre jours de souffrances, se réunit à Ramanieh à la flotille qui remonte le Nil.

Sous l'autorité nominale du sultan de Constantinople, l'Egypte était alors dominée par les Mamelucks, milice redoutable, au nombre d'environ 12,000, commandés par des beys électifs, dont les principaux étaient Mourad et Ibrahim. Comme chacun d'eux menait à la guerre trois ou quatre serviteurs montés, ils pouvaient mettre en ligne de 40 à 50,000 chevaux.

Un premier engagement a lieu à Chebreiss. L'impétuosité des Mamelucks vient se briser contre les baïonnettes des carrés français, qui se flanquent l'un l'autre par leur feux. La grande bataille est livrée près du Caire, dans la plaine qui s'étend entre le village d'Embabeh sur la rive gauche du Nil et les fameuses pyramides de Giseh. 20,000 Fellahs, débris de la population indigène, défendent les retranchements d'Embabeh, soutenus par la flottille et la cavalerie d'Ibrahim sur la rive droite, à gauche par les cavaliers de Mourad et quelques milliers de Bédouins du désert. Mourad, après des prodiges de valeur, perd 2,000 mamelucks et se retire dans la haute Égypte ; le camp est enlevé, et Ibrahim va chercher un refuge en Syrie.

Bonaparte fait son entrée au Caire : sa sage politique lui concilie les habitants et lui permet d'espérer la durée de son œuvre, quand un événement déplorable vient ruiner sa marine et rompre ses communications avec la mère-patrie. L'amiral Brueys, surpris par Nelson dans la rade ouverte d'Aboukir, est battu et tué ; la plus grande partie de la flotte est anéantie.

Le désastre d'Aboukir donne le signal de la deuxième coalition en Europe et décide le sultan à déclarer la guerre à la France. A ce moment, Desaix avait battu Mourad à Sédiman et dans d'autres combats, conquis la haute Égypte jusqu'aux cataractes de Syène et organisé cette contrée avec une prudence admirable. Bonaparte, après avoir réprimé la révolte du Caire, mettait tous ses soins à l'organisation de sa conquête. L'Institut d'Égypte continuait ses travaux ; les ingénieurs changeaient la face du pays, quand deux armées turques se préparent à l'envahir.

Bonaparte part avec 13,000 hommes à la rencontre de l'armée de Syrie, prend le fort d'El-Arish, Gaza, Jaffa et met le siège devant Saint-Jean-d'Acre, défendu par le pacha Djezzar, assisté de deux émigrés français et protégé par l'escadre anglaise de Sidney Smith. Le pacha de Damas s'avance avec 25,000 hommes pour délivrer la place. Les Français remportent sur lui la brillante victoire du mont Thabor. Cependant, décimée par la peste la petite armée française doit lever le siège, renoncer à la conquête de la Syrie et à tous les rêves sur l'Orient.

Bientôt 18,000 Turcs, amenés de Rhodes par une flotte anglaise, débarquent dans la presqu'île d'Aboukir. Bonaparte arrive du Caire avec 6,000 hommes et les jette dans la mer. Puis, averti par Sidney Smith des événements d'Europe, il quitte mystérieusement l'Égypte avec quelques généraux, laissant à Kléber le commandement de l'armée.

Celle-ci fut surprise et mécontente. Kléber, se croyant sacrifié, signe avec Sidney Smith la convention d'El-Arish, par laquelle les vaisseaux anglais doivent le ramener en France avec tout son monde. Mais le cabinet de Londres décide que l'armée française sera sans conditions prisonnière de guerre et fait signifier par l'amiral Keith ses volontés à Kléber. Pour toute réponse, 10.000 Français sortent du Caire et dispersent près des ruines d'Héliopolis les 80,000 Turcs du grand visir. Un nouveau soulèvement du Caire est réprimé ; malheureusement, Kléber tombe sous le poignard d'un fanatique.

Menou le remplace et prend le commandement de l'armée qui compte encore de 26 à 27,000 soldats. Mais il ne se montre pas à hauteur de la situation.

Les Anglais, qui avaient fait capituler la garnison de Malte, après deux années de blocus, débarquent au nombre de 20.000 à l'ouest d'Alexandrie, battent Menou à Canope et l'assiègent dans Alexandrie, pendant que le général Belliard est enfermé au Caire. Les communications entre les deux places sont bientôt coupées. Le 25 juin 1801, Belliard capitule pour le Caire ; la résistance de Menou se prolonge jusqu'au 2 septembre. Le gouvernement anglais s'est rallié aux conditions de la Convention d'El-Arish. L'armée française est rapatriée par la marine anglaise : elle compte encore 24,000 hommes.

Ainsi finit cette expédition mémorable, conçue dans le vaste dessein d'occuper l'Égypte pour tenir la route des Indes, de traverser la Syrie et la Perse pour donner la main à Tippoo-Sahib, l'énergique défenseur de l'Hindoustan, et délivrer ce pays de la domination de l'Angleterre.

CHAPITRE XI.

Campagne de 1799 en Italie, en Suisse et en Hollande. — Campagne de 1800 en Italie et en Allemagne (traité de Lunéville).

Événements de 1798. — Le glorieux traité de Campo-Formio n'a pas satisfait l'ambition du Directoire, qui continue partout sa propagande révolutionnaire. Le général Berthier occupe Rome et le parti démocrate proclame la République romaine : le pape est conduit à Valence, où il meurt l'année suivante. En Suisse, les treize Cantons avaient depuis des siècles la forme républicaine, mais fédéraliste et aristocratique. Le Directoire veut faire de ce pays une république une et démocratique. Sous prétexte de protéger les Vaudois contre la tyrannie du sénat de Berne, le général Brune entre en Suisse, détruit sur les bords de l'Aar 20,000 montagnards, et, sous la pression des baïonnettes françaises, la République helvétique est proclamée.

Cette politique violente et les subsides des Anglais qui n'ont pas désarmé et cherchent des alliés amènent la formation d'une deuxième coalition, dont l'Angleterre est l'âme et à laquelle l'Autriche mécontente de nos agrandissements et la Russie entraînée par l'empereur Paul vont apporter l'appui de leurs puissantes armées.

La cour de Naples, dominée par la reine Caroline, se donne la mission de délivrer l'Italie du joug des Français. Mack, qui commande son armée, entre à Rome; mais, battu par le général Championnet à Civita-Castellana, il recule en désordre et est abandonné par ses soldats. Naples est pris et la République Parthénopéenne établie. Dans le nord, le général Joubert occupe le Piémont pendant ces derniers événements; et la Toscane, seul État resté libre, va recevoir des troupes françaises dès le début de la campagne de 1799.

Campagne de 1799. — La France a 170,000 hommes seulement à opposer aux 350,000 de la coalition et une ligne de près de 500 lieues à couvrir, depuis le Zuiderzée jusqu'au golfe de Tarente. Cependant le Directoire est résolu à prendre l'offensive, convaincu que l'audace suppléera à la faiblesse des moyens.

Perte de l'Italie. — Pendant que Masséna s'empare des Alpes centrales, Jourdan passe le Rhin, pénètre en Bavière; mais, repoussé par l'archiduc Charles, il éprouve un nouvel et plus sérieux échec à Stokach et rentre en Alsace. En Italie, Schérer cherche à forcer le passage de l'Adige; d'abord vainqueur à Pastrengo, il est vaincu par Kray à Magnano et recule jusqu'à l'Adda. Moreau le remplace : battu à son tour à Cassano par les Austro-Russes commandés par Souwarof, il abandonne la Haute-Italie qui s'insurge et il se retire en Ligurie, attendant l'arrivée de l'armée de Naples avec Macdonald. Celui-ci, assailli par Souwarof, est accablé après une lutte de trois jours sur la Trébie. Les débris des deux armées sont réunis sous le commandement de Joubert, qui, aussi malheureux que ses collègues, est tué à Novi. Moreau dirige la retraite et ramène l'armée dans les Apennins. L'Italie est perdue pour la France : des Républiques Cisalpine, Romaine, Parthénopéenne, il ne reste qu'un fatal souvenir et un prétexte à de sanglantes représailles.

Brune en Hollande. — Dans le même temps, les frontières du nord sont également menacées. 30,000 Anglais et 17,000 Russes, sous les ordres du duc d'York, débarquent dans la presqu'île du Helder. Brune, qui n'a que des forces insignifiantes, essaie de les jeter à la mer; il est repoussé. Mais, pendant que les Anglais perdent leur temps à se fortifier dans le Zyp, il rassemble ses troupes dispersées, et, quand l'ennemi prend l'offensive, il le bat à Bergen et à Kastrikum, lui fait subir une perte de 10,000 hommes et l'oblige à signer la capitulation d'Alkmaar.

Masséna en Suisse. — En Suisse, Masséna avec 40,000 hommes lutte contre l'archiduc Charles qui en a 70,000. Les Autrichiens essaient vainement de le déloger des hauteurs de Zurich; à droite, Lecourbe défend victorieusement le Saint-Gothard. La mésintelligence s'étant mise entre les deux armées alliées, l'archiduc rentre en Allemagne, cédant la place aux 30,000 Russes de Korsakof que Souwarof avec 20,000 autres se prépare à rejoindre. Masséna n'attend pas la jonction de ces deux armées; il surprend le passage de la Limmat à Dietikon et attaque Zurich par la rive droite. Les Russes sont surpris, écrasés, et c'est avec peine que leurs débris s'ouvrent un passage vers le Rhin. En même temps,

Soult bat Hotze sur les bords de la Linth et rejette les Autrichiens en Allemagne. Souwarof n'a franchi le Saint-Gothard qu'au prix d'incroyables fatigues et de combats continuels. Arrivé à Altorf, il se voit en présence de toutes les forces du vainqueur de Zurich. Alors commence pour lui cette effroyable retraite, qui ne finit qu'à Coire et qui lui coûte plus de la moitié de ses soldats.

La Suisse et la Hollande sont sauvées : l'Italie seule semble plus perdue que jamais. Championnet, qui a succédé à Joubert, veut reprendre l'offensive. Il est battu par Mélas à Genola et les Français sont rejetés dans les montagnes de Gênes.

C'est pendant que se passent ces derniers événements que Bonaparte débarque à Fréjus ; un mois après, il fait le 18 brumaire : le Directoire est renversé, le Consulat commence.

Campagne de 1800. — Grâce à son activité, le Premier Consul a bientôt 250,000 soldats prêts à marcher, pendant que 100,000 conscrits, appelés en vertu de la conscription votée en 1798 sur le rapport de Jourdan et qui soumet à l'appel par classes les jeunes gens de 20 à 25 ans, sont exercés dans les dépôts de l'intérieur. Il donne 100,000 hommes à Moreau rappelé au commandement de l'armée du Rhin. Masséna avec les 40,000 soldats, débris des armées d'Italie, doit se maintenir en Ligurie et surtout à Gênes. Bonaparte, qui s'est proposé de reconquérir lui-même la Péninsule, théâtre de ses premiers exploits, fait annoncer publiquement la formation d'une armée de réserve à Dijon : pendant que les espions des puissances y courent, les demi-brigades cantonnées en Vendée, en Bretagne et en Normandie, qui viennent de pacifier avec Brune les départements de l'ouest, sont formées en divisions à Nantes, Rennes et Paris, d'où elles sont acheminées sans bruit et par petits détachements sur Genève et Lausanne ; une quatrième division est constituée en Provence à l'aide des dépôts des corps qui appartiennent à l'armée d'Egypte.

L'Autriche était la seule grande puissance qui, avec l'Angleterre, fût restée dans la coalition ; mais elle avait fait des armements considérables. 150,000 hommes étaient en Souabe, sous M. de Kray, 120,000 en Italie, sous M. de Mélas. Celui-ci, débouchant par le col de Cadibone, avait coupé en deux l'armée de Ligurie, rejeté le corps Soult avec Masséna dans Gênes, où le général Ott allait le bloquer, pendant que lui-même rejetait la gauche (Suchet) sur Nice, puis sur le Var, qu'il se proposait de forcer pour envahir la Provence.

Dans le même temps, Moreau, prenant l'offensive, passait le Rhin à Kehl, Bâle et Schaffouse, battait les Autrichiens à Engen et à Stokach, puis à Mœskirch, et les rejetait sur la rive gauche du Danube. Battu de nouveau à Biberach, après être repassé sur la rive droite, puis à Memmingen, en voulant se joindre au prince de Reuss dans le Vorarlberg, Kray alla s'enfermer dans le camp retranché d'Ulm. Moreau se tint en observation devant lui, détachant, d'après les ordres reçus, 17,000 hommes environ sous les ordres de Moncey, qui s'acheminèrent vers l'Italie par le col du Saint-Gothard.

Bonaparte avait marqué son principal point de passage au Grand Saint-Bernard ; sa droite, sous Thureau, devait passer par le mont Cenis. 60,000 hommes allaient ainsi descendre dans la Haute-Italie, sur les derrières de Mélas, dont le quartier général était alors à Nice. Lannes franchit le premier avec l'avant-garde le Grand Saint-Bernard, tourne le fort de Bard qui défend la vallée d'Aoste, s'empare d'Ivrée. Bientôt avec l'armée tout entière, sauf les deux corps des ailes, Bonaparte passe le Tessin et entre à Milan, après avoir refoulé au loin les troupes autrichiennes qui avaient voulu s'opposer à sa marche. Il laisse Moncey entre le Tessin et l'Adda ; il envoie Murat avec la cavalerie au delà de Plaisance et fait occuper l'importante position de la Stradella, cherchant à fermer à Mélas l'issue qui lui reste par la rive droite du Pô.

Le général autrichien, croyant d'abord que l'attaque principale venait du mont Cenis, s'était porté à Turin, puis à Alexandrie, laissant Elsnitz sur le Var pour tenir tête à Suchet. Ott était toujours devant Gênes, dont les défenseurs, réduits par la famine, ne tenaient plus que par des prodiges d'énergie. A la nouvelle de l'entrée des Français à Milan, Mélas veut concentrer ses forces pour livrer bataille et appelle à lui Ott et Elsnitz. Celui-ci, poursuivi dans sa retraite par Suchet, n'arrive à Alexandrie qu'avec des troupes ruinées. Quant à Ott, il est trop heureux de signer avec Masséna une convention, par laquelle les défenseurs de Gênes sortent de la ville, qu'ils ont si glorieusement défendue, avec armes et bagages, et vont rejoindre dans l'Apennin leurs camarades du Var : puis il se porte vivement au défilé de la

Stradella, pour rouvrir la retraite ; mais il rencontre à Montebello Lannes avec l'avant-garde française, qui le rejette sur la Bormida. Mélas se décide à livrer bataille devant Alexandrie, dans la plaine de Marengo.

Marengo (14 juin). — Cependant, Bonaparte ne sachant quelle résolution prendra l'armée autrichienne, a envoyé Desaix depuis deux jours arrivé d'Égypte sur la route de Novi. Lui-même passe la Scrivia et porte deux divisions à Marengo avec Victor, pour barrer la grande route Alexandrie-Plaisance ; une troisième à la même hauteur sur la droite à Castel-Ceriolo ; la quatrième, avec Lannes, en arrière à San-Guiliano, ainsi que la garde consulaire et la cavalerie de Kellermann. Total général, 26,000 hommes.

Le 14 juin, dès la pointe du jour, 50,000 Autrichiens débouchent d'Alexandrie et passent la Bormida, avec le dessein de dégager la route de Tortone en accablant la droite française. Victor soutient pendant quatre heures le choc de l'armée ennemie ; à la fin, il est écrasé et bat en retraite, suivi par Lannes, qui s'est déployé pour le soutenir. Mélas se croit vainqueur et rentre à Alexandrie, pendant que son chef d'état-major, Zach, se met à la tête des Autrichiens qui, déjà, quittent leur ordre en bataille pour marcher en colonne. Mais Desaix est arrivé : il se place à la gauche de Lannes, et, quand la tête de la colonne autrichienne paraît à San-Giuliano, sa division la charge avec un élan que la mort de son illustre chef rend irrésistible ; en même temps, Kellermann la prend en flanc, la coupe et la culbute. En une heure la victoire est reconquise et les Autrichiens s'enfuient dans Alexandrie, laissant 8,000 morts ou blessés et 4,000 prisonniers. Le lendemain est signée la convention d'Alexandrie, qui livre au vainqueur tout le pays jusqu'au Mincio, derrière lequel se retirent les débris de l'armée de Mélas.

Sur le Danube, Moreau occupe la ligne du Lech et passe ensuite le fleuve au-dessous d'Ulm, pour fermer également à son adversaire la route de la rive gauche. Kray, forcé de sortir de son camp retranché, est battu dans les combats d'Hochstett, repoussé dans toutes ses tentatives sur les deux rives du Danube, et se retire enfin derrière l'Inn avec une armée réduite à 40,000 hommes. Moreau se concentre à Munich, pendant que son lieutenant Lecourbe débarrasse sa droite des attaques du prince de Reuss et s'empare de Fussen et de Feldkirch. A la nouvelle des derniers événements d'Italie, il consent à signer avec Kray l'armistice de Parsdorf.

Des négociations pour la paix définitive sont ouvertes à Lunéville, entre Joseph Bonaparte et Cobentzel, et sont rompues après cinq mois par l'effet des intrigues de l'Angleterre. Le Premier Consul donne l'ordre aux commandants des armées d'Allemagne et d'Italie de dénoncer l'armistice.

Hohenlinden (2 décembre). — L'archiduc Jean avait remplacé M. de Kray à la tête de l'armée du Danube, portée à 100,000 hommes; il était appuyé à gauche par Hiller, qui gardait le Tyrol avec 30,000 hommes, et par 20,000 hommes sous Klenau, sur la rive gauche du Danube. Moreau a une armée d'égale force, avec Macdonald à droite dans les Grisons et Augereau à gauche; celui-ci commence le premier les hostilités contre Klenau, bat les Autrichiens à Nuremberg et parvient près d'Ingolstadt. Pendant ce temps, l'archiduc Jean, prenant l'offensive, passe l'Inn à Muhldorf et se porte contre le centre ennemi par la route de Munich, qui traverse au village de Hohenlinden une vaste clairière s'ouvrant au milieu des bois. C'est là que se trouve Moreau avec six divisions d'infanterie, la plus grande partie de l'artillerie et de la cavalerie. Ney repousse en tête sur la grand'route la principale colonne des Autrichiens, pendant que Richepance la prend en flanc et à revers. Les Autrichiens perdent leur artillerie, leurs bagages, 6,000 tués, 16,000 prisonniers; les débris de leur armée s'enfuient à travers bois, de l'autre côté de l'Inn. Moreau passe l'Inn, le Traun; son avant-garde n'est plus qu'à quelques lieues de Vienne, quand l'archiduc Charles l'arrête par l'armistice de Steyer.

Le même jour (25 décembre), Brune, qui commandait l'armée d'Italie, forte de 60,000 hommes, remportait la victoire de Pozzolo. L'armée autrichienne, au nombre de 90,000 hommes, sous les ordres de Bellegarde, avait fortifié le Mincio. A la nouvelle que Macdonald a franchi le Splugen et se dirige sur Trente, Brune prend ses dispositions pour passer le Mincio sur deux points. Il réussit à Pozzolo, où les Autrichiens perdent 6,000 hommes, et le lendemain à Mozembano. Bellegarde ne peut pas davantage lui résister sur l'Adige : Vérone se rend. Macdonald est parvenu jusqu'à Bassano, quand il apprend que Brune a signé l'armistice de Trévise. Alors Murat, avec 30,000 hommes réunis en Toscane, traverse les États pontificaux, où un nouveau pape,

Pie VII, a été rétabli par la France, et va imposer l'armistice de Foligno au roi de Naples, qui ferme ses ports à l'Angleterre et livre jusqu'à la paix générale Tarente aux Français.

TRAITÉ DE LUNÉVILLE. — Le traité de Lunéville (9 février 1801) rétablit les stipulations de Campo-Formio, avec les modifications suivantes : le duché de Parme est réuni à la Cisalpine ; la Toscane, sous le nom de royaume d'Etrurie, est donnée au duc de Parme ; l'Autriche promet d'indemniser en Allemagne le grand-duc de Toscane, le duc de Modène et les princes de la rive gauche du Rhin.

CHAPITRE XII.

Organisation générale de l'armée française. — Institutions militaires de la République, du Consulat et de l'Empire.

INSTITUTIONS MILITAIRES DE LA RÉPUBLIQUE ET DU CONSULAT. — Au moment où Bonaparte prend le pouvoir comme Premier Consul, il trouve l'armée organisée d'après les bases posées par la Convention.

En 1793, on avait formé les demi-brigades d'infanterie par l'amalgame. Les régiments de cavalerie et de dragons sont à 4 escadrons, ceux de hussards et de chasseurs à 5.

Les dénominations des grades sont en partie changées. L'avancement a lieu, pour les généraux, moitié à l'ancienneté, moitié au choix du Ministre ; pour les autres grades, un tiers à l'ancienneté, deux tiers à l'élection des inférieurs pour les officiers subalternes, des égaux pour les officiers supérieurs.

Un décret ramène de l'ordre dans la comptablité et fixe la composition des conseils d'administration. Les commissaires des guerres sont chargés du contrôle.

Toutes les écoles militaires avaient été supprimées, moins les écoles régimentaires d'artillerie et l'école du génie de Mézières, transférée à Metz. On institue, pour peu de temps il est vrai, l'école de Mars, ainsi que l'École polytechnique. Une école d'application est établie à Châlons pour l'artillerie, qui comprend 8 régiments à pied de 20 compagnies, 8 régiments à cheval de 6 compagnies, 1 bataillon de pontonniers, 12 compagnies d'ouvriers.

Les divisions avaient d'abord, en général, la composition suivante : 4 demi-brigades d'infanterie, 2 régiments de cavalerie et 2 divisions de 6 bouches à feu, dont une à cheval. Ce système reconnu vicieux est abandonné en 1796 par Hoche, Moreau et Bonaparte, et la division, composée de troupes de même arme, sauf les fractions nécessaires pour l'éclairer et la protéger, n'est plus dorénavant qu'une subdivision du corps d'armée.

Un des premiers actes du Premier Consul fut la création d'une garde consulaire, dont l'effectif fut bientôt porté à plusieurs milliers d'hommes et où toutes les armes étaient représentées. Rompant avec les institutions républicaines, il transforme la garde nationale qui ne doit plus être active qu'en cas d'invasion et dont il se réserve de nommer les officiers. Il rétablit les dénominations et formes de l'ancien régime.

Il augmente la gendarmerie départementale.

Les équipages d'artillerie avaient été jusque-là conduits par des charretiers civils. Le Premier Consul les organise en bataillons du train.

Les travaux du dépôt de la guerre reçoivent une impulsion nouvelle par l'institution du corps des ingénieurs géographes.

Enfin, l'École spéciale militaire est rétablie et les deux Écoles d'application d'artillerie et du génie sont réunies en un seul et même établissement.

Institutions militaires de l'Empire. — L'organisation de l'armée, pendant la durée du premier Empire, fut toujours incomplète. Ses bases étaient celles qu'avaient posées la Convention ; ses règlements dataient de l'ancien régime. L'habitude de la guerre devait suppléer à tout ce qui manquait. En vain, l'Empereur donna l'ordre, en 1809, puis en 1810, de reviser le règlement sur le service des armées en campagne. On ne fit guère que reproduire les anciennes dispositions. L'œuvre du général de Préval, commencée sous l'Empire, ne fut publiée qu'en 1832.

La loi sur la conscription fut complétée en 1803 et des lois additionnelles spéciales fournirent à l'Empereur les ressources nécessaires pour alimenter ses immenses armées.

Des camps d'instruction se formèrent sur les bords de l'Océan, depuis le Texel jusqu'à Bayonne. L'infanterie adopta des formations régulières, mais variées, et le rôle des tirailleurs fut ramené à de justes proportions. L'ordonnance était toujours sur trois rangs, mais on pouvait par exception la réduire à deux.

La division ne fut plus qu'une subdivision d'arme. La réunion de plusieurs divisions forma le corps d'armée, commandé par un général de division ou par un maréchal de France, dignité rétablie en 1804.

L'École spéciale militaire, fondée à Fontainebleau, fut transférée à Saint-Cyr en 1808 et fournissait des officiers pour l'infanterie, la cavalerie et l'artillerie.

En 1809, une École d'application de cavalerie fut créée à Saint-Germain.

Enfin, la Légion d'honneur, imitation de l'ordre de Saint-Louis, fut instituée en 1802 pour récompenser les services militaires et civils.

Infanterie. — Une première réorganisation de l'armée, en 1803, donna 90 régiments d'infanterie de ligne et 29 d'infanterie légère, le régiment étant à 3 bataillons de 8 compagnies, dont 2 d'élite.

En 1808, les régiments d'infanterie, au nombre de 169, furent formés à 4 bataillons de 6 compagnies, plus un bataillon de dépôt à 4 compagnies. Les compagnies d'élite étaient le plus souvent réunies en corps et formaient division (grenadiers et voltigeurs Oudinot).

En réalité, le nombre des bataillons était variable. Certains corps en avaient 5 et se dédoublaient, de sorte qu'on trouve à la fois le même numéro de régiment en Allemagne et en Espagne. Cette disposition qui paraît anormale était conservée par l'Empereur, pour donner le change à l'ennemi sur l'importance et la composition de ses armées.

A partir de 1811, le nombre des régiments s'accrut considérablement, au détriment de la bonne composition de ces corps. En 1813, il était de 243 par l'adjonction de la garde nationale, qui fut divisée en trois bans. 88 cohortes du premier ban, réunies par trois ou par quatre, formèrent des régiments nouveaux. Il y avait, en outre, 25 régiments étrangers.

Cavalerie. — La cavalerie reçut en 1805 un règlement provisoire, qui complétait celui de 1788. Elle comprenait, en 1807, 78 régiments, les dragons à 4, les carabiniers et les cuirassiers à 5, les hussards et les chasseurs à 6 escadrons.

En 1809, toute la cavalerie fut à 4 escadrons ; en 1811, 9 régiments de dragons furent convertis en lanciers.

Artillerie et génie. — L'artillerie comptait 9 régiments à pied, 6 à cheval, 9 bataillons du train, 2 bataillons de pontonniers et des compagnies d'ouvriers. Elle était répartie en batteries divisionnaires, réserve de corps d'armée et réserve générale. Napoléon réunit plusieurs fois un grand nombre de batteries sur le champ de bataille. Un règlement, en 1809, fixa les manœuvres de cette arme.

Le génie comprenait 5 bataillons de sapeurs, 2 de mineurs, 2 escadrons du train et 2 compagnies d'ouvriers.

Train des équipages militaires. — Un décret du commencement de 1806 avait prescrit le maintien, en temps de paix, des équipages de l'entreprise. L'expérience des deux glorieuses campagnes de Prusse et de Pologne décida l'Empereur à leur donner une organisation militaire définitive. Le décret du 1er mai 1807 organisa 8 bataillons du train à 4 compagnies. En 1812, il y eut 24 bataillons à 6 compagnies. En 1814, les bataillons, réorganisés au nombre de 4, prirent la dénomination d'escadrons, comptant chacun 4 et bientôt 8 compagnies.

Garde impériale. — En 1804, la garde consulaire devint garde impériale, se divisa en vieille garde et jeune garde et atteignit un effectif de 100,000 hommes. A la garde s'ajoutèrent, en 1811, un régiment de pupilles ; en 1807, des chevau-légers lanciers polonais ; en 1813, 4 régiments de gardes d'honneur.

CHAPITRE XIII.

Premier Empire. — Campagne de 1805 en Allemagne (traité de Presbourg).

Événements de 1802 a 1805. — Après le traité de Lunéville avec l'Autriche et le retrait de la Russie de la coalition, l'Angleterre était restée seule pour soutenir le poids de la guerre. Elle se décida enfin à signer le traité d'Amiens (1802), par lequel elle rendit à la France et à ses alliés toutes leurs colonies, excepté la Trinité et Ceylan. L'Egypte était restituée à la Porte Ottomane, l'île de Malte à l'ordre de Saint-Jean. Les Français durent évacuer le Portugal, l'État romain et le royaume de Naples.

Cependant les espérances d'une paix durable ne tardèrent pas à s'évanouir. L'Angleterre ne pouvait se résoudre à quitter Malte, la France inquiétait l'Europe par le développement de sa puissance et de sa prospérité. Déjà la Hollande et la République Cisalpine, devenue Italienne, avaient adopté une nouvelle constitution inspirée par le Premier Consul. Le Piémont fut partagé en six départements; la duché de Parme soumis à l'administration française; la Toscane érigée en royaume, mais l'île d'Elbe réunie à la France. Quant à la République Helvétique, l'Acte de médiation lui imposa le protectorat français. En Allemagne, c'était à l'Autriche ou plutôt à la Diète à régler les indemnités des princes dépossédés. Mais ceux-ci, pour la plupart, s'adressèrent à Bonaparte, et l'Allemagne fut, en quelque sorte, mise à l'encan dans les bureaux de Talleyrand. Quatre électorats nouveaux furent créés en faveur des princes de Wurtemberg, de Bade, de Hesse-Cassel, de Salzbourg; il n'y eut plus qu'un seul électorat ecclésiastique, celui de Ratisbonne, établi en faveur du prince de Dalberg. De fait, le Saint-Empire romain germanique n'existait plus ; son nom même allait bientôt disparaître.

En compensation de ces agrandissements de la France, le ministère anglais demanda la cession de Malte, et, sur le refus du

Premier Consul, sans déclaration de guerre, suivant l'usage britannique, il fit saisir 1,200 bâtiments français avec équipages et passagers (1803). Aussitôt, pour fermer le continent aux Anglais, Gouvion Saint-Cyr alla occuper avec 15,000 hommes le royaume de Naples, pendant que Mortier, avec un nombre égal, entrait dans le Hanovre et en faisait capituler l'armée. En même temps, reprenant ses projets de descente en Angleterre, Bonaparte ordonna la formation d'une grande armée sur les côtes de la Manche ; les éléments d'une immense flottille étaient réunis dans tous les ports de Brest au Texel. Les Anglais firent des apprêts de défense considérables. D'un autre côté, ils ne négligèrent rien pour réveiller contre la France l'hostilité de l'Europe. Ils ébranlaient la Prusse, qui refusa l'alliance française. Ils réussissaient pleinement en Russie, où le nouveau tzar, Alexandre, protestait contre la prépondérance excessive de la France. La Suède se déclarait ouvertement contre nous. Naples était gagnée d'avance. Quant à l'Autriche, elle n'attendait qu'une occasion favorable pour recommencer la lutte et elle s'y préparait avec activité.

La signature du traité d'Amiens avait fait nommer Bonaparte consul à vie, par reconnaissance nationale ; la rupture de ce traité et la conspiration de Georges Cadoudal, de Pichegru et de Moreau font restaurer à son profit la monarchie héréditaire (mai 1804). Lorsque la République française, par une singulière alliance de mots, se fut donnée un empereur, la République cisalpine, faisant une évolution plus franche, devint le royaume d'Italie et prit pour roi l'empereur des Français. La Ligurie, sur sa demande, fut réunie à la France. La Hollande se donna une constitution nouvelle et confia le pouvoir exécutif à un Grand Pensionnaire.

Cependant 2,000 bateaux étaient prêts à transporter en Angleterre l'armée du camp de Boulogne, au milieu de laquelle l'Empereur était venu inaugurer sa dignité et faire sa première distribution des croix d'honneur. A cette flottille, il fallait la protection d'une flotte capable de tenir la Manche pendant trois jours, pour permettre le debarquement des troupes. Mais l'amiral Ganteaume est bloqué à Brest ; le chef de la flotte, Villeneuve, livre un combat indécis près du cap Finisterre et va s'enfermer au Ferrol, puis à Cadix, d'où il ne sortira que pour faire anéantir ses vaisseaux à Trafalgar, pendant que la flotte de Rochefort commandée par Missiessy le cherche sur les mers. Dès lors l'expédition est devenue impossible : l'Autriche va payer pour l'Angleterre.

La troisième coalition est formée, mais les armées autrichiennes seules sont prêtes à entrer en campagne ; les forces russes ne sont pas encore réunies. Napoléon s'assure de la neutralité de la Prusse, en lui laissant le Hanovre en dépôt, du Wurtemberg et de Bade ; et l'électeur de Bavière lui promet de se joindre à lui, si son territoire est violé par les Autrichiens.

La Grande Armée. — Le camp de Boulogne est levé, et, tout en répandant le bruit qu'il veut rester sur la défensive, l'empereur appelle la classe de l'an XIV et les non-appelés des cinq classes précédentes, soit 150,000 conscrits qu'il envoie dans les dépôts, et il expédie en même temps ses ordres de mouvement.

La Grande Armée compte sept corps, une réserve de cavalerie et la garde.

Le 1er corps, Bernadotte, occupe le Hanovre. Il doit laisser garnison à Hameln, traverser la Hesse et se diriger sur Wurtzbourg (17,000 hommes).

Le 2e, Marmont, venant de Hollande, doit marcher le long de la rive gauche du Rhin, passer le fleuve à Mayence et rejoindre Bernadotte à Wurtzbourg (20,000 hommes).

Le 3e, Davout (26,000), le 4e, Soult (33,000), le 5e, Lannes (25,000), le 6e, Ney (24,000) partent des côtes de la Manche et ont comme points d'arrivée Manheim, Spire, Strasbourg et Haguenau.

Le 7e corps, Augereau (14,000), va de Brest à Strasbourg et doit servir d'arrière-garde et de réserve.

Ces corps n'ont de cavalerie que ce qui est nécessaire pour leur service particulier de sûreté et d'exploration.

Le reste de la cavalerie, comprenant tous les carabiniers, cuirassiers et dragons, forme une réserve énorme de 22,000 cavaliers aux ordres de Murat et doit se concentrer à Schlestadt.

Enfin, la garde, Bessières (7,000 hommes), avec le grand quartier général commandé par Berthier, va de Boulogne à Strasbourg.

En somme, la Grande Armée compte 146,000 hommes de pied, 38,000 chevaux et 340 bouches à feu.

Toutes ces troupes marchent sans repos et sont rendues le 25 septembre aux points assignés.

En Allemagne, l'Empereur compte encore sur les 25,000 soldats de l'électeur de Bavière, ainsi que sur les contingents badois et wurtembergois.

En Italie, il y a 40,000 hommes sur l'Adige avec Masséna et 20,000 à Tarente avec Saint-Cyr.

L'Autriche a deux grandes armées de 80,000 hommes, l'une en Italie sous l'archiduc Charles, l'autre sur l'Inn sous le général Mack, reliées entre elles par un corps de 25,000 hommes dans le Tyrol commandé par l'archiduc Jean.

La Russie organise deux armées d'un effectif total de 120,000 hommes : l'une, sous les ordres de Kutusoff, doit traverser la Gallicie et remonter le Danube, pour soutenir directement les Autrichiens ; l'autre, commandée par l'empereur Alexandre, se rassemble en Pologne et doit descendre en Moravie.

Opérations autour d'Ulm. — Dès le milieu de septembre, Mack avait passé l'Inn et occupé la Bavière, d'où l'électeur était sorti en protestant, et s'était retiré avec sa petite armée à Wurtzbourg. Il avait bordé l'Iller de Memmingen à Ulm, sa cavalerie aux débouchés de la Forêt-Noire, son arrière-garde sous Kienmayer étant encore à Ingolstadt. Napoléon se propose de tourner l'armée autrichienne par le nord. Tandis que Murat et Lannes simulent une tentative de passage à travers la Forêt-Noire, les autres corps longent le versant septentrional des Alpes de Souabe, pour arriver sur le Danube aux points de Donauwerth, Neubourg et Ingolstadt, sur les derrières de l'ennemi. Le premier résultat de cette marche est de faire entrer dans notre alliance les princes de Bade et de Wurtemberg et de recueillir les Bavarois, qui se joignent à Bernadotte. Mais la violation du territoire prussien d'Anspach par les deux premiers corps amène une réclamation de la Prusse et sera un des principaux griefs mis en avant par la cour de Berlin pour déclarer la guerre à la France. Quand le mouvement des colonnes françaises est bien accentué, Murat et Lannes disparaissent pour rejoindre à Stuttgard Ney et la garde et de là se diriger sur Donauwerth. Le 7 octobre, Soult passe le fleuve à ce point et se porte sur Augsbourg, où l'Empereur établit son quartier général. Bernadotte entre à Munich et y ramène l'électeur. La marche de l'armée française avait séparé Kienmayer de son général en chef, qui, se voyant tourné, fait aussitôt face en arrière, sa gauche appuyée à Ulm, sa droite à Memmingen.

Murat commande la droite française et a sous ses ordres Ney et Lannes : il bat un corps ennemi à Wertingen, mais il commet la faute de ne laisser sur la rive gauche du Danube que la seule division Dupont. Celle-ci, assaillie au village de Haslach par 25,000 hommes de l'archiduc Ferdinand, attaque et le soir venu rétrograde sur Albeck, dégarnissant ainsi la rive gauche du fleuve.

Heureusement Mack, loin de persister dans l'idée de battre en retraite de ce côté, abandonne toute idée de sortie et se borne à envoyer de fortes reconnaissances sur les routes de la Bohême et du Tyrol, persuadé que les Russes avec Kienmayer d'un côté, que l'archiduc Jean et peut-être l'archiduc Charles de l'autre vont venir le débloquer. Cependant, pour éviter un second Haslach, Ney, qui s'est précédemment saisi des ponts de Gunzbourg, rétablit celui d'Elchingen et, après un brillant combat, s'empare du couvent et des hauteurs qui de la rive gauche dominent Ulm. En même temps, Dupont barre au général Werneck, envoyé en reconnaissance, la route d'Ulm et le rejette loin de la place. Le soir même, l'archiduc Ferdinand, sort avec 6,000 cavaliers et quelque infanterie et entraîne Werneck. Pendant que Lannes et Ney s'emparent des hauteurs fortifiées du Michelsberg, Soult prend 5,000 hommes dans Memmingen et rejette dans le Tyrol le corps de Jellachich. Le malheureux Mack n'a plus qu'à capituler. Déjà Oudinot a pris la division Werneck à Nordlingen, et Murat, qui a atteint l'archiduc à Nuremberg, revient avec 12,000 prisonniers et 120 pièces de canons, ne laissant à ce prince que 1,500 cavaliers, avec lesquels il gagne la Bohême. Mack se rend (20 octobre) avec 33,000 hommes. De la première armée autrichienne, il ne reste que le détachement de Jellachich, qui a rejoint l'archiduc Jean, et le corps de Kienmayer, qui, réduit à 15,000 hommes, a rallié enfin sur l'Inn Kutusoff avec 50,000 Russes.

Opérations en Italie. — En Italie, les deux armées de Masséna et de l'archiduc Charles s'étaient tenues en observation l'une en face de l'autre, sur les rives de l'Adige, attendant les événements d'Allemagne. A la nouvelle des premiers succès des armes françaises, Masséna, prenant l'offensive malgré la grande infériorité de ses forces, passe le fleuve à Vérone et vient attaquer les fortes positions de Caldiero. Il échoue ; mais, à la nouvelle de la capitulation d'Ulm, l'archiduc se met en retraite pour aller défendre son pays menacé. Masséna le suit, renforcé du corps de Gouvion

Saint-Cyr qui vient du royaume de Naples, passe la Piave, le Tagliamento, l'Isonzo sans résistance sérieuse et arrive à Laybach, quand il est arrêté par la nouvelle de l'armistice.

MARCHE SUR VIENNE. — Après Ulm, l'Empereur avait immédiatement commencé son mouvement sur Vienne. Ney est envoyé dans le Tyrol pour en repousser l'archiduc Jean, qui de lui-même bat en retraite et marche de manière à rejoindre l'archiduc Charles en Carinthie. Bernadotte et Marmont forment échelons en arrière, servant de lien entre Ney et le reste de la Grande Armée. Napoléon entre à Braunau et y fait transporter les approvisionnements qu'il avait réunis à Augsbourg. Kutusoff s'était replié, refusant tout engagement sérieux avant d'avoir atteint la Moravie et de s'être mis en relations avec l'armée qu'Alexandre lui-même dirigeait vers Omultz. Arrivé à Lintz, l'Empereur confie à Augereau la garde du Danube, rappelle à lui Bernadotte, place Marmont à Léoben pour surveiller les archiducs et fait passer sur la rive gauche du fleuve le 8e corps, sous les ordres de Mortier, pendant qu'une flottille doit maintenir les communications de ce corps avec le reste de l'armée et transporter une partie des bagages. Murat et Lannes, qui sont à l'avant-garde, rencontrent pour la première fois les Russes à Amstetten et les poursuivent jusqu'à Saint-Pœlten. Alors Kutusoff, se dérobant à eux, passe sur la rive gauche par le pont de Krems qu'il détruit et enveloppe au village de Durrenstein la division Gazan isolée par le retard de la flottille et l'ordre de marche du 8e corps, qui laisse la division Dupont à une journée en arrière. Mortier se fait jour à travers les Russes et est rejoint à propos par sa deuxième division. Ce sanglant combat avait coûté 3,000 hommes aux Français.

Tandis que Bernadotte remplace Mortier sur la rive gauche, Murat et Lannes, par un stratagème habile, s'emparent des ponts de Vienne et se portent en avant pour couper à Kutusoff la route de Moravie; mais Murat se laisse tromper par Bagration au moyen d'un artifice semblable à celui qui venait de lui réussir. Celui-ci soutient contre l'avant-garde française un terrible combat près d'Hollabrunn. Mais Kutusoff est sauvé : il peut se retirer et faire sa jonction à Olmutz avec l'armée des empereurs Alexandre et François.

BATAILLE D'AUSTERLITZ (2 décembre). — Napoléon est arrivé à Brunn, où il a 70,000 hommes environ contre les 90,000 hommes des alliés. Il feint une grande hésitation pour les amener à l'attaquer dans la position qu'il a choisie, dans l'angle que forme la route de Brunn à Olmutz avec la route de Brunn à Vienne. Le 1er décembre, les Austro-Russes viennent se placer en face de lui, la droite aux montagnes de Bohême, le centre sur le plateau de Pratzen, la gauche à la Littawa près de Satezan. Les Français appuient leur gauche à la hauteur fortifiée du Santon; leur front est marqué par le cours du Goldbach; leur droite est aux étangs de Satezan.

Le plan des alliés est de déborder la droite française et de lui couper la retraite sur Vienne. Napoléon va favoriser leur dessein qu'il a deviné, puis diriger une attaque centrale sur le plateau de Pratzen pour les couper en deux parties et les battre séparément.

L'attaque commence contre notre droite, défendue seulement par deux brigades. A gauche, l'infanterie de Lannes gagne lentement du terrain sur l'infanterie de Bagration, pendant que Murat résiste à la nombreuse cavalerie austro-russe. Au centre, le plateau de Pratzen, imprudemment dégarni, est enlevé par Soult, soutenu par Bernadotte et par la garde impériale; Soult alors se rabattant sur les derrières des colonnes ennemies, maintenues par Davout, les rejette sur les étangs de Satezan et de Mœnitz, dont la glace se brise sous leur poids. Telle est la bataille d'Austerlitz, où les alliés perdent 15,000 hommes tués ou blessés et 20,000 prisonniers.

Traité de Presbourg. — Deux jours après, un armistice est conclu, bientôt suivi du traité de Presbourg (26 décembre 1805). L'Autriche perd les anciens États vénitiens, qui sont réunis au royaume d'Italie, et le Tyrol qui est donné à la Bavière. Elle ne reçoit que la principauté de Salzbourg, et Wurzbourg est cédé par la Bavière au prince dépossédé. La Bavière et le Wurtemberg sont érigés en royaume. Du vieil empire germanique il ne reste même plus le nom, car la Confédération du Rhin va se former et le descendant des Habsbourgs-Lorraine va prendre le nom d'empereur d'Autriche.

CHAPITRE XIV.

Campagnes de 1806 et de 1807 en Prusse et en Pologne (traité de Tilsitt).

PRÉLIMINAIRES DE LA CAMPAGNE DE 1806. — La Prusse n'avait pas vu, sans une joie secrète, la défaite et l'humiliation de l'Autriche en 1800 et en 1805. Elle prétendait, en effet, fonder à son profit un nouvel empire allemand, d'où serait exclue cette rivale séculaire. Telle était également l'idée de Napoléon. Pour l'enchainer à son alliance, il avait mis en dépôt entre ses mains le Hanovre tant désiré. Mais la Prusse, tiraillée par ses passions et des intérêts opposés, négocie avec tout le monde : sa perfidie et sa duplicité vont causer sa perte.

Dès le début de la campagne de 1805, la violation du territoire d'Anspach ajoute un nouveau grief aux ressentiments de la cour de Berlin, qui ordonne la mobilisation de l'armée. Le tzar Alexandre accourt plein de joie et, dans une scène un peu théâtrale, les deux souverains se jurent sur le tombeau du grand Frédéric une amitié éternelle. Le traité de Potsdam est signé entre eux, mais la Prusse encore hésitante ne promet d'intervenir par les armes que si Napoléon refuse de rendre l'indépendance à la Hollande et à la Suisse, et le Piémont au roi de Sardaigne. Le comte d'Haugwitz est envoyé porteur de cet ultimatum. Mais celui-ci, par une lenteur calculée, n'arrive à Brunn que la veille d'Austerlitz, félicite l'empereur de sa victoire, et, croyant que le salut de son pays est désormais dans l'alliance française, signe avec M. de Talleyrand le traité de Schœnbrunn, par lequel la Prusse reçoit le Hanovre en échange des principautés de Neufchâtel et de Clèves qu'elle cède à la France et d'Anspach à la Bavière. La cour de Berlin, qui vient de s'engager avec l'Angleterre, refuse de ratifier ce traité. Napoléon lui en impose un plus onéreux, qui force la Prusse à déclarer la guerre à l'Angleterre (février 1806).

Depuis la paix de Presbourg, Napoléon avait développé son

système d'États fédératifs de l'Empire. La dynastie des Bourbons est chassée de Naples et le trône donné à Joseph Bonaparte. La Hollande, surmontant ses répugnances, se constitue en royaume et demande le prince Louis. Elisa Bacciochi reçoit les principautés de Piombino et de Lucques, Pauline Borghèse le duché de Guastalla. Murat devient grand-duc de Berg et de Clèves, Berthier prince de Neufchâtel, Talleyrand prince de Bénévent, Bernadotte prince de Ponte-Corvo. L'empereur se réserve dans les anciens États vénitiens douze provinces qu'il concède à ses généraux ou ministres comme grands fiefs immédiats de l'Empire. Enfin, devant les dispositions suspectes de la cour de Vienne, il envoie Marmont avec 20,000 hommes dans la Dalmatie : le reste de la Grande Armée reste cantonné sur la rive droite du Rhin.

En Allemagne, s'inspirant des souvenirs de la Ligue du Rhin conçue par Mazarin, Napoléon réunit sous le nom de *Confédération du Rhin* les royaumes de Bavière et de Wurtemberg, les grand-duchés de Berg, de Bade, de Hesse-Darmstadt et quelques autres petits États. Cette confédération, dont il est déclaré le *Protecteur*, doit lui fournir un contingent de 63,000 hommes. Les princes allemands deviennent souverains absolus. François II renonce à son titre d'empereur d'Allemagne et de roi des Romains pour celui d'empereur d'Autriche, sous le nom de François Ier.

L'Angleterre et la Russie auraient pu empêcher ces changements en Allemagne, par une paix immédiate avec la France. Mais elles négocient avec lenteur et circonspection. Sur ces entrefaites, le ministre Fox vient à mourir et est remplacé par les disciples de Pitt. Vainement Napoléon propose à l'Angleterre de lui céder Malte, des colonies, le Hanovre : la négociation est rompue.

Cependant la Prusse avait eu connaissance de l'article relatif à la restitution du Hanovre, dont l'Empereur d'ailleurs se réservait de l'indemniser. A cette nouvelle, il y eut à Berlin une véritable explosion de fureur, et le roi, poussé par sa famille, par l'armée, par l'opinion publique, se prépare à entrer en campagne. Il essaie de former avec la Saxe, la Hesse électorale, le Mecklembourg, tous les États non compris dans la Confédération du Rhin, une confédération du Nord, dont il aurait le protectorat. Napoléon déclare formellement qu'il s'oppose à cette confédération.

Dès lors, sans attendre le concours armé de la Russie, assurée des subsides de l'Angleterre, la Prusse se jette sur la Saxe avec une précipitation, un manque complet de précautions indiquant une orgueilleuse sécurité. L'électeur est forcé de réunir les 20,000 hommes qui composent son armée aux Prussiens, que l'électeur de Hesse se prépare à joindre avec un corps de 12,000 hommes.

Campagne de 1806. — Le 21 septembre, Frédéric-Guillaume quitte Potsdam pour se porter à Magdebourg, où il prend le commandement nominal de l'armée, ayant auprès de lui le vieux duc de Brunswick qui l'exerce en réalité, mais avec certaines réserves qui nuisent à la direction d'ensemble. Les forces prussiennes de première ligne forment, en effet, deux masses principales : la première ou armée du roi, forte de 90,000 hommes, établie à Erfurt sur le revers oriental de la forêt de Thuringe, l'aile droite sous le général Ruchel à Gotha, l'avant-garde sous le duc de Weimar à Eisenach occupant le débouché des montagnes, se tenait dans des positions défensives; la deuxième, à gauche, 50,000 hommes, commandée par le prince de Hohenlohe, qui était décidé à l'attaque, remontait les deux rives de la Saale pour aller chercher les Français en Franconie.

Le 3 octobre, Napoléon arrive à Wurtzbourg. C'est dans cette ville qu'il reçoit le 7 l'ultimatum du roi de Prusse, l'invitant à faire repasser le Rhin à toutes ses troupes et à ne pas mettre d'obstacle à la confédération des États du nord. Pour toute réponse, l'Empereur donne dès le lendemain l'ordre à toute l'armée de franchir les frontières de Saxe.

Depuis Austerlitz, la Grande Armée était demeurée en Franconie, sauf le 2e corps (Marmont) qui occupait la Dalmatie. Elle comprenait 170,000 hommes, répartis en six corps d'infanterie commandés par Bernadotte, Davout, Soult, Lannes, Ney et Augereau, et une réserve de cavalerie sous Murat de 28,000 chevaux : la garde impériale, réunie à un corps de grenadiers et voltigeurs, comptait 14,000 hommes. Il y avait 130,000 hommes en Italie, 150,000 en France et en Hollande ; la classe de 1806 était déjà appelée.

Le 7 octobre, les corps français sont aux débouchés de la Franconie : Lannes et Augereau à Cobourg, Bernadotte, Davout et Murat à Cronach, Soult et Ney à Bayreuth, la garde et l'Empereur à Bamberg en arrière de la colonne du centre. Le plan de Napoléon est de tourner par le sud le Thuringer-wald, de se porter rapidement sur l'Elbe et de couper l'armée prussienne de ses communications avec Berlin.

Le 8 octobre, les défilés du Franken-wald sont franchis; les trois colonnes arrivent dans la vallée de la Saale. Celle de droite marche sur Hof et Plauen, celle du centre sur Schleitz, celle de gauche sur Saalfedd. Murat culbute à Schleitz le corps du général Tauenzien ; Lannes rencontre à Saalfeld celui du prince Louis de Prusse, qui est battu et tué. A la nouvelle de ces événements, le duc de Brunswick revenant à ses premières idées de défensive en arrière de l'Elbe prescrit à Hohenlohe de se tenir sur la rive gauche de la Saale, d'en occuper tous les passages depuis Iéna et de se préparer à suivre la principale armée dans la direction de Magdebourg. Lui-même rappelle sa droite (Ruchel) et se met en marche sur Weimar.

Iéna et Auerstaedt (14 octobre 1806). — Pendant ce temps, les têtes de colonnes françaises, suivant la rive droite de la Saale, avaient déjà dépassé Iéna, quand Napoléon, croyant, d'après les mouvements considérables qui s'opéraient sur la rive gauche, que le gros de l'armée prussienne y était concentré, résolut de la surprendre par une brusque attaque sur son aile gauche. Il donne à Davout la mission de garder le passage de la Saale à Naumbourg, à Bernadotte celle d'occuper Dornbourg, point intermédiaire. Il appelle à lui Murat, qui était parvenu à Zeist, organise pendant la nuit la défense de la ville d'Iéna, et, le 14 au matin, commence l'attaque avec les seuls corps de Lannes et d'Augereau. Bientôt Ney et Soult interviennent à leur tour. Hohenlohe, qui s'attendait à une attaque de front, déploie successivement sur trois lignes, pour soutenir sa gauche, son centre, puis sa droite Il est déjà repoussé, quand Ruchel arrive sur le champ de bataille. La cavalerie de Murat achève leur défaite : tous les corps débandés s'enfuient dans la direction du nord.

Ce jour-là même, l'armée du roi éprouvait à Auerstaedt un désastre plus rigoureux encore. A la vue de l'ennemi, dont les patrouilles sont arrivées à Hassenhausen, Davout réclame le concours de Bernadotte qui est présent à Naumbourg, mais qui, interprétant en mauvais camarade les ordres qu'il a reçus, se dirige sur Dornbourg, où il reste immobile et inutile entre les deux batailles. C'est donc avec les trois divisions d'infanterie Gudin, Friant, Morand, et les trois régiments de cavalerie légère du général

Vialannes, que Davout va combattre et vaincre 60,000 fantassins et une nombreuse et brillante cavalerie animés par la présence du roi et par la nécessité de s'ouvrir un passage. La division Gudin débouche la première du pont de Kœsen et s'empare de Hassenhausen. Friant vient se déployer au nord, Morand au sud de ce village. Vialannes est opposé à Blücher, qui commande la cavalerie de l'aile gauche. Trois divisions prussiennes combattent en première ligne ; deux sont en réserve. La lutte est acharnée : le duc de Brunswick, le maréchal de Mœllendorf, le général Schmettau sont blessés mortellement. Le maréchal Kalkreuth, refoulé jusqu'à Auerstaedt, soutient la retraite avec les deux divisions de réserve et la cavalerie. Les Prussiens avaient perdu 10,000 hommes dans cette journée, qui avait coûté 7,000 hommes aux Français.

Quand les deux armées battues se rencontrèrent, la retraite devint une déroute épouvantable. Le prince de Hohenlohe en réunit les débris, moins la réserve confiée d'abord au maréchal Kalkreuth. Le grand parc est laissé à la garde de Blücher, qui, avec un corps de cavalerie, cherche à rejoindre dans le Harz le corps du duc de Weimar. Les maréchaux Murat, Ney et Soult se mettent à la poursuite de l'armée prussienne dans la direction de Magdebourg, lui enlevant à chaque pas des prisonniers et du matériel. L'arrière-garde, laissée sur l'Elbe sous les ordres du prince Eugène de Wurtemberg, se porte en avant et soutient un violent combat à Halle contre la division Dupont. A sa suite, Bernadotte passe l'Elbe à Barby, Lannes à Dessau, Davout à Wittenberg. Ce jour-là, les Prussiens franchissaient le fleuve à Magdebourg et de là se dirigeaient vers le nord, dans la direction de Stettin, où Hohenlohe avait donné rendez-vous au général Blücher. Murat et Lannes, toujours sur ses talons, atteignent le prince à Prentzlow et le forcent à mettre bas les armes ; les derniers des 25,000 soldats de Hohenlohe capitulent à Passewalk. Stettin se rend à la cavalerie légère de Lassalle. Reste le général Blücher qui, avec 22,000 hommes, s'est rejeté vers l'ouest, et qui, pressé par les Français, est entré dans Lubeck, violant la neutralité de cette ville. Attaqué par Bernadotte et Soult, il capitule le 7 novembre à Ratkau. Déjà Davout, puis l'Empereur lui-même avaient fait leur entrée à Berlin : Spandau, Magdebourg, Custrin s'étaient rendus. Il ne reste plus au malheureux Frédéric-Guillaume, réfugié à Kœnigsberg, qu'une petite armée de 20,000 hommes, dernier débris de la puissance prussienne.

Campagne de 1806-1807. — Mais l'Angleterre et la Russie sont en armes. Par un décret daté de Berlin, Napoléon imagine contre la première le blocus continental, par lequel tout commerce avec les Anglais est interdit à la France et à ses alliés. Quant aux Russes, qui sont au nombre de 120,000 sur la Vistule, c'est en hiver, à la fin de novembre, qu'il va se porter à leur rencontre. Tout d'abord, il fait entrer dans son alliance et dans la confédération du Rhin l'électeur de Saxe, qui prend le titre de roi. Le 8ᵉ corps (Mortier) et le roi de Hollande se réunissent à Cassel et de là se portent par Brunswick dans le Mecklembourg. Les contingents bavarois et wurtembergeois, sous Jérôme et le général Vandamme, gagnent la Silésie, s'emparent de Glogau et mettent le siège devant Breslau. Lefebvre, avec le 10ᵉ corps, doit assiéger la forte place de Dantzig. Enfin, avant de se mettre en marche, Napoléon envoie ses ordres pour lever la conscription de 1807, pour faire partir organisés en régiments provisoires les renforts nécessaires à la Grande Armée, ainsi que de nouveaux corps tirés de France et d'Italie.

Campagne d'hiver; Eylau (8 février 1807). — Murat et Davout, suivis de Lannes, marchent les premiers et entrent à Posen, puis à Varsovie. Soult et Augereau passent la Vistule près de Modlin, Bernadotte et Ney à Thorn. Le général Lestocq avec 15,000 Prussiens se tient sur la basse Vistule, les Russes sous Kamenski sont concentrés entre la Narew et l'Oukra. Pour aller à eux, il faut traverser des cours d'eau, des marécages entrecoupés de bois un pays pauvre, nu et sans routes. Un ciel gris verse une neige abondante; la gelée ne vient pas. Jamais l'armée n'a éprouvé de souffrances pareilles. Malgré les conditions d'une lutte si défavorables pour les Français, les Russes sont battus dans les combats de Czarnovo, de Pultusk, de Golymin et de Soldau et éprouvent une perte de 10,000 hommes.

Dans les premiers jours de janvier 1807, Napoléon ramène ses troupes vers Varsovie et leur fait prendre des quartiers sur la rive droite de la Vistule, la gauche en avant entre Osterode et Elbing. Mais le nouveau général en chef russe, Bennigsen, forme le projet de tourner les Français par le nord, de passer la basse Vistule et de se porter sur les communications de Napoléon avec Berlin. Averti par le maréchal Ney, Bernadotte se replie sur Thorn pour entraîner les Russes à sa suite, pendant que l'Empereur, concentrant ses corps d'armée à Allenstein, cherche de son côté à couper la retraite à Bennigsen. Celui-ci était encore à Mohrungen, où s'était livré un premier combat, quand une dépêche interceptée lui apprit le plan de l'Empereur. Il se retire alors, est battu à Guttstadt, pendant que Lestocq éprouve même insuccès à Deppen, et il s'arrête enfin à Eylau, décidé à livrer bataille. Ney marchait à gauche à la poursuite de Lestocq; Davout à droite, pour essayer de s'interposer entre Bennigsen et Kœnigsberg. Napoléon n'avait avec lui que la garde, les corps bien réduits de Soult et d'Augereau et la cavalerie de Murat. Le 8 février a lieu cette bataille d'Eylau, soutenue par 54,000 hommes contre 72,000, célèbre par l'écrasement du corps d'Augereau, les charges héroïques de la cavalerie qui sabre la première ligne russe, et gagnée par l'arrivée de Davout sur le flanc gauche et de Ney sur le flanc droit de l'ennemi. 27,000 Russes, 10,000 Français jonchaient la neige de ce champ de carnage.

Bennigsen se retire sur Kœnigsberg. Napoléon fait prendre à ses troupes des cantonnements sur la Passarge. En même temps, il appelle la conscription de 1808, fait venir de nouveaux régiments, exige des contingents de la Confédération du Rhin et même de l'Espagne. Avec les troupes étrangères, Napoléon constitue une armée de réserve, dont il donne le commandement à Brune appelé de Hollande à Berlin. Dantzig assiégé par Lefebvre et Mortier, grâce au général du génie Chasseloup, capitule enfin.

Campagne d'été: Friedland (14 juin 1807). — A ce moment (fin mai 1807), Bennigsen a réuni plus de 100,000 hommes à Heilsberg, sur l'Alle, dans une sorte de camp retranché. Napoléon a toujours son quartier général à Finckenstein; Masséna, à droite, couvre Varsovie; Ney se trouve le plus au nord, à Guttstadt, à peu de distance de Heilsberg. Le 5 juin, Bennigsen fait attaquer tous les cantonnements français de la Passarge et avec le gros de ses forces tente d'enlever le corps de Ney. Celui-ci se replie lentement, pendant que son adversaire regagne son camp par la rive droite de l'Alle. Napoléon passe sur la rive gauche et essaie de couper de Kœnigsberg le général russe. Il enlève Guttstadt, Heilsberg même et arrive à Eylau. Le lendemain, 14 juin, jour anniversaire de Marengo, Lannes aperçoit l'armée russe qui passe les ponts de Friedland et s'engage sur la route de Kœnigsberg. Friedland se trouve dans un coude de l'Alle; en face s'étendent les faibles hauteurs de Heinrichsdorf et de Posthenen. Mortier, Ney, Victor, la garde viennent successivement renforcer le corps de Lannes. Ney prend l'offensive à droite, soutenu par la division Dupont, s'empare de la ville et en détruit les ponts. En vain la droite russe essaie de s'ouvrir un passage ; elle est culbutée par Lannes et Mortier et jetée dans la rivière. Les Russes perdent 20,000 hommes; le reste s'enfuit dans le plus grand désordre et repasse le Niémen. Les Prussiens évacuent Kœnigsberg, livrant ainsi à l'armée française d'immenses approvisionnements.

Traité de Tilsitt (8 juillet 1807). — Le tzar Alexandre fait demander au vainqueur un armistice et une entrevue, qui a lieu sur le Niémen. Le traité de Tilsitt, conclu le 8 juillet entre la France et la Russie, consacre l'alliance intime des deux grandes puissances. Alexandre adhère au Blocus continental et reconnaît les nouveaux changements apportés dans l'organisation des États. En compensation, il est autorisé à s'étendre en Finlande aux dépens de la Suède et aux dépens de la Turquie sur le bas Danube. Tous les pays à l'ouest de l'Elbe avec le Hanovre forment le royaume de Westphalie donné au prince Jérôme Bonaparte. Le roi de Saxe reçoit le grand-duché de Varsovie avec Posen.

Par le traité de Kœnigsberg, et en considération de l'empereur de Russie, le roi Frédéric-Guillaume rentre en possession du Brandebourg, de la Poméranie, de la Vieille Prusse et de la Silésie. Fatale résolution : car le parti de sacrifier la Prusse une fois pris, mieux valait la détruire tout à fait qu'à moitié.

CHAPITRE XV.

Guerre de la Péninsule. — Campagnes de Portugal et d'Espagne (1807-1814).

Depuis le traité de Bâle, l'Espagne était restée dévouée à l'alliance française. Malheureusement, le faible Charles IV abandonne tout le gouvernement à son favori Manuel Godoï, prince de la Paix, qui, sollicité par les intrigues de l'Angleterre, se donne dès 1806 à la coalition. Après Iéna, il n'obtient son pardon de l'Empereur qu'en envoyant un contingent de 14,000 hommes à la Grande Armée. Mais Napoléon n'ose plus compter sur l'alliance espagnole ; il se propose dès lors de rendre la Péninsule à jamais française, soit par le détrônement de sa dynastie, soit par la réunion à la France des provinces de l'Èbre, en compensation desquelles on donnerait à l'Espagne le Portugal.

Conquête du Portugal (1807). — Résolu à faire entrer ce pays, ami de l'Angleterre, dans le système continental, l'Empereur y envoie Junot avec 25,000 jeunes soldats. Celui-ci, précipitant sa marche à travers les provinces du nord de l'Espagne et les pays sauvages de la Sierra d'Estrella, arrive à Lisbonne avec 1,500 hommes à peine, devant lesquels la capitale se rend sans résistance, pendant que la famille royale s'embarque pour le Brésil, abandonnant le royaume à la domination des Français.

Affaires d'Espagne (1807-1808). — Pendant ce temps, la cour d'Espagne était agitée par de misérables intrigues de famille, auxquelles Napoléon va prendre une part active pour assurer l'exécution de ses desseins.

Une deuxième armée, commandée par Dupont, entre en Espagne par Bayonne et s'établit sur le Douro, comme pour soutenir l'armée de Portugal. Une troisième armée, sous Moncey, prend ses cantonnements dans les provinces basques ; une quatrième, sous Duhesme, entre en Catalogne ; une cinquième, sous Bessières, se rassemble à Bayonne, pendant que de nouvelles et nombreuses divisions sont acheminées vers les Pyrénées. Murat est nommé général en chef des armées françaises en Espagne. Alors, levant le masque, Napoléon demande la cession à la France des provinces au nord de l'Èbre et offre en compensation le Portugal. La cour de Madrid, n'ayant aucun moyen de résistance, s'apprête à fuir en Amérique; mais, retenu par le peuple et les soldats soulevés contre le favori, le vieux roi abdique en faveur de son fils Ferdinand VII.

Sur ces entrefaites, Murat entre à Madrid à la tête des corps de Dupont et de Moncey. Charles IV proteste contre la violence dont il a, dit-il, été l'objet. Alors ont lieu les scènes de Bayonne, à la suite desquelles Ferdinand abdique et Charles cède tous ses droits à l'empereur Napoléon. Une junte espagnole proclame Joseph, qui abandonne la couronne de Naples transférée à Murat.

Soulèvement de l'Espagne. — A la nouvelle de ces événements, les moines soulèvent le peuple et entraînent la nation tout entière. Les troupes se rallient à la royauté de Ferdinand VII et fraternisent avec les insurgés. « Mort aux Français! » devient le cri de toute l'Espagne. L'Angleterre fait alliance avec les juntes provinciales, leur envoie des munitions et des armes, prépare une armée de secours.

L'armée française compte à peine 80,000 jeunes soldats commandés par Murat. La brillante victoire de Bessières à Medina de Rio-Seco ouvre au roi Joseph la route de Madrid. Lefebvre-Desnoëttes assiège Saragosse; Duhesme opère en Catalogne, Moncey dans le royaume de Valence. Dupont avait été dirigé sur Cadix : il saccage Cordoue, se replie sur Andujar devant les forces considérables de Castanos, puis sur Baylen, où il signe avec le général espagnol une capitulation désastreuse. 18,000 Français, victimes de l'égarement du héros de Haslach et de Halle, vont mourir misérablement sur les pontons de Cadix ou sur les rochers de Cabrera.

Ce funeste événement enivre d'orgueil les Espagnols et enlève aux drapeaux français leur prestige. Tous les corps se replient sur Madrid, que le roi Joseph abandonne.

En même temps, Junot, impuissant à lutter avec 22,000 hommes contre les Portugais soulevés et l'armée de sir Wellesley, depuis Wellington, est battu à Vimeiro et signe avec le général anglais la convention de Cintra, par laquelle ses troupes sont embarquées et ramenées en France.

Napoléon en Espagne (1808-1809). — Après l'entrevue d'Erfurt avec Alexandre, Napoléon, tranquille du côté du nord, ramène la Grande Armée d'Allemagne sur les Pyrénées, « pour couronner son frère dans Madrid et planter ses aigles sur les forts de Lisbonne ».

L'armée française, concentrée à Vittoria, était forte de 100,000 hommes, sans l'armée de Catalogne commandée par Gouvion Saint-Cyr. L'insurrection avait donné 135,000 hommes de troupes régulières partagées en quatre armées : à droite, celle d'Aragon sous Palafox et celle d'Andalousie sous Castanos ; au centre, celle d'Estremadure, sous La Romana ; à gauche, celle de Galice avec Blake. Napoléon se porte avec son centre sur Burgos, défait l'armée d'Estremadure, pendant que Lefebvre et Victor battent Blake à Espinosa et que Soult achève la destruction de cette armée à Reynosa. Enfin Lannes remporte la victoire de Tudela sur Palafox et Castanos. Le brillant combat de Somo-Sierra ouvre à l'Empereur le passage des montagnes ; et, après deux jours de sanglants combats dans Madrid, il occupe la capitale et il essaie de se concilier le peuple par des réformes utiles. Il ne fait qu'exciter le fanatisme contre les Français.

Restait l'armée anglaise du général Moore, lequel, arrivé trop tard pour soutenir les Espagnols, se dirigeait de Salamanque vers le royaume de Léon, pour couper Soult de ses communications. L'Empereur rejoint son lieutenant à Astorga, poursuit le général anglais qui se met en retraite et qui est vaincu et tué à La Corogne. Toute la Galice fait sa soumission.

Les deux victoires d'Almaraz et d'Uclès sur les armées espagnoles décident enfin Joseph à rentrer dans Madrid. Saragosse, défendue par Palafox, capitule à son tour après un siège héroïque de trois mois. En Catalogne, Gouvion Saint-Cyr avait conquis presque toute la province et remporté sur Valdès les victoires de Llinas, de Molins-del-Rey et de Vals.

Campagne de 1809 en Espagne. — Rappelé en Allemagne par la prise d'armes de l'Autriche, Napoléon donne à Soult la mission de chasser les Anglais du Portugal. Celui-ci, parti de Santiago, emporte d'assaut la ville d'Oporto ; mais menacé d'être pris entre les deux armées anglo-portugaises de Wellington et de Beresford, il doit battre en retraite et parvient à Orense, puis à Braga, où il se joint au corps de Ney, pour s'en séparer bientôt.

Wellington forme alors le dessein, de concert avec les armées de la Manche et de l'Estremadure, de porter la guerre en Espagne, pendant que Beresford, réuni à l'armée espagnole de Del Parque, occupera les corps français sur le Douro. Joseph se porte à sa rencontre et l'attaque vainement dans ses positions de Talavera. Néanmoins, inquiet de la marche de Soult, le général anglais repasse le Tage et, par Badajoz, rentre en Portugal. Après sa retraite, les armées espagnoles sont partout battues. En Aragon, Suchet défait Blake, disperse les guérillas et fait de ce royaume la province la plus soumise de la Péninsule. En Catalogne, Girone succombe après un siège de six mois, qui surpasse celui de Saragosse par l'héroïsme et le dévouement désespéré des habitants.

Cependant, la junte suprême, abandonnée par Wellington, n'en persiste pas moins dans le projet de marcher sur Madrid. Soult, nommé chef d'état-major de Joseph, se porte contre une armée espagnole de 60,000 hommes, qui s'avance dans la Manche, et la met en déroute à Ocana. Mais Napoléon répartit les 300,000 hommes de l'armée de la Péninsule en plusieurs armées, dont il rend les généraux indépendants les uns des autres; leurs dissensions vont faire manquer le plan général de la campagne.

Campagnes de 1810 et 1811. — L'issue définitive de la guerre dépendait de l'expulsion des Anglais de la Péninsule. Deux armées sous les ordres de Masséna et de Soult sont destinées à envahir le Portugal. Mais Soult, de concert d'abord avec le roi Joseph, s'en va conquérir le midi de l'Espagne; puis, abandonnant à lui-même ce malheureux prince, il se fait de l'Andalousie une véritable souveraineté. Masséna, après avoir assuré sa base d'opérations, se porte contre Almeida avec ses trois corps d'armées, fait capituler cette place presque sous les yeux de Wellington et oblige les Anglais, malgré le succès de Busaco, à se retirer dans les lignes de Torrès-Vedras; il s'établit en face d'eux à Santarem. Soult se met enfin en marche pour envahir le Portugal par la rive gauche du Tage. Il s'empare d'Olivenza et de Badajoz; mais, rappelé en Andalousie par une tentative des alliés sur le corps de Victor, il abandonne définitivement son collègue. Masséna, voyant son armée réduite à 28,000 hommes, bat en retraite par Miranda, Celerico, Almeida, poursuivi par Wellington, qui lui inflige l'échec de Fuentes d'Onoro.

Pendant ce temps, Beresford s'était emparé d'Olivenza et assiégeait Badajoz, où Wellington vient le rejoindre. Marmont, successeur de Masséna, se réunit à Soult et oblige les généraux anglais à se retirer en Portugal. Après ce succès, les Français se séparent. Wellington en profite et par deux tentatives hardies s'empare de Ciudad-Rodrigo et de Badajoz.

Les opérations militaires sont mieux conduites par Suchet dans les provinces de l'est. Ce général prend d'abord les villes du bas Èbre, Lerida, Mequinenza, Morella, puis fait capituler Tortose et enfin Tarragone, dernier boulevard des Catalans : ce fut le siége le plus terrible de toute la guerre. Après la chute de Figuières, il se dirige sur Valence, dont la conquête assurait la possession de toute la côte jusqu'à Cadix. Blake, battu à Sagonte, s'enferme dans Valence, où il est réduit à se rendre avec un corps de 20,000 hommes.

Campagne de 1812. — Tout en repoussant la domination des Français, les cortès espagnoles réunies à Cadix, s'inspirant de leurs idées, proclament la Constitution libérale de 1812.

Wellington avait occupé le point d'Almaraz, interceptant ainsi les communications entre Marmont et Soult. Il s'empare de Salamanque et défait Marmont aux Arapiles; puis il entre à Madrid, pendant que Joseph s'enfuit à Valence. Soult, forcé d'abandonner le blocus de Cadix, marche sur la capitale et en chasse les Anglais. Wellington se rejette sur Burgos, en est repoussé et n'échappe aux forces françaises réunies à Salamanque que par une rapide retraite en Portugal.

Campagne de 1813. — Suchet a assuré la domination française dans le royaume de Valence, mais l'Aragon et la Catalogne sont troublés par des bandes d'insurgés. Une armée anglo-espagnole se forme en Murcie. Une partie de cette armée reste sur le Xucar, pendant que l'autre s'embarque et vient bloquer Tarragone. Suchet y court, bat les alliés et les force à se rembarquer.

Avec le reste de ses troupes, le roi Joseph a formé une seule armée de 80,000 hommes, avec Jourdan pour major-général. Wellington a 120,000 combattants. Il débouche par Salamanque et se dirige vers Zamora et Palencia. Les Français évacuent Madrid et Valladolid et se concentrent à Burgos, puis reculent à Miranda. Wellington se porte alors sur le flanc gauche du roi Joseph, bat son centre à Vitoria et s'empare de la route de Bayonne. Les Français se retirent par Pampelune et repassent les Pyrénées. Les Anglais arrivent sur la Bidassoa. Le maréchal Soult vient prendre le commandement de l'armée de Joseph. Suchet reçoit l'ordre d'évacuer Valence et de se replier dans la Catalogne. Pressé par les Anglais et les Espagnols, il bat les premiers à Tarragone, les seconds au col d'Ordal et prend ses cantonnements sur la rive gauche du Llobregat. Mais les événements généraux de la guerre l'amènent bientôt à se replier sur Figuières.

Wellington a mis deux mois à réorganiser son armée et à s'emparer de Saint-Sébastien. Il passe la Bidassoa, perce la ligne des Français et les force à se retirer derrière la Nive, qui est le théâtre de longs et glorieux combats.

C'est alors que Napoléon, vaincu en Allemagne, fait un traité avec Ferdinand VII, qu'il reconnait comme roi d'Espagne. Wellington n'en continue pas moins les hostilités.

Campagne de 1814. — Au commencement de 1814, les Anglais ont 70,000 hommes sur la Nive. Soult, avec 60,000 hommes, a sa droite à Bayonne, son centre sur l'Adour, sa gauche à la Bidouze. Mais Wellington reçoit des renforts, pendant que Soult est obligé d'envoyer le tiers de son armée à l'Empereur. La ligne de l'Adour est attaquée, et les Français, après une action chaudement disputée, sont rejetés d'Orthez sur la route d'Aire. Soult fait sa retraite parallèlement aux Pyrénées, lentement suivi par son adversaire, et, après avoir traversé Tarbes et Saint-Gaudens, il arrive à Toulouse.

C'est sous les murs de cette ville que le maréchal livre une bataille acharnée (10 avril) avec 33,000 hommes aux 60,000 soldats du général anglais. Il se retire ensuite sur Montpellier, où il va se joindre au maréchal Suchet, quand, apprenant la nouvelle de l'abdication de l'Empereur, il pose les armes.

CHAPITRE XVI.

Campagne de 1809 en Allemagne et en Autriche (traité de Vienne).

PRÉLIMINAIRES DE LA CAMPAGNE. — Depuis le traité de Presbourg, l'Autriche, exclue de l'Allemagne, chassée de l'Italie, ne pouvait se résigner à son amoindrissement et à ses défaites. Elle pansait ses plaies, elle se préparait à de nouvelles luttes. Attentive aux événements, elle avait fait, pendant la campagne de 1806-1807, des mouvements de troupes sur ses frontières. La cour de Vienne avait offert sa médiation à la France et à la Prusse; son attitude avait inquiété Napoléon. Après Tilsitt, l'alliance intime des deux Empereurs la remplit d'inquiétude. La guerre d'Espagne, l'insurrection du Tyrol lui rendirent quelque espoir et le désir d'une revanche. Aussi, malgré la nouvelle entrevue d'Erfurt et la promesse faite à Napoléon par Alexandre de contenir l'Autriche, celle-ci, excitée par l'Angleterre, connaissant les dispositions favorables de l'Europe, commença la guerre à l'improviste, en se jetant sur la Bavière, sur l'Italie et sur le grand duché de Varsovie. L'archiduc Charles lui-même, comme ministre de la guerre, avait présidé à la réorganisation de l'armée, laquelle, à la fin de 1808, comptait 300.000 hommes de troupes actives et 200,000 de landwehr; l'artillerie avait été augmentée d'une façon considérable, des approvisionnements préparés en Bohême et dans la Haute-Autriche.

Du fond de la Péninsule, Napoléon suivait ces armements et se préparait à agir sur le Danube. L'appel par anticipation de la conscription de 1810 et des rappels sur les quatre classes antérieures lui avaient donné 200,000 conscrits, qui allaient remplacer dans les dépôts les soldats exercés. Du royaume de Hollande il exigeait 20,000 hommes; du grand duché de Varsovie, 25,000; de la Confédération du Rhin, 110,000. Comme une partie considérable de la Grande Armée se trouvait en Espagne, les forces françaises opposées à l'Autriche prirent le nom d'armée d'Allemagne. L'infanterie devait constituer trois grands corps de 50,000 hommes chacun, sous les maréchaux Davout, Masséna et Lannes; la garde, jeune et vieille, comptait 20,000 hommes; Bessières commandait la réserve de cavalerie de 15,000 chevaux. A ces 185,000 Français, il faut ajouter les Bavarois sous Lefebvre, les Wurtembergeois, Hessois et Badois sous Augereau, les Saxons sous Bernadotte; total : 250,000 hommes. Enfin, 60,000 hommes étaient avec Eugène en Italie et avec Marmont en Dalmatie.

L'Autriche avait mis sur pied plus de 300,000 hommes : 200,000 dans la Haute-Autriche et en Bohême sous l'archiduc Charles; 50,000 avec l'archiduc Jean en Carinthie; 25,000 sous Jellachich, destinés au Tyrol; enfin l'armée de Gallicie sous l'archiduc Ferdinand, qui devait envahir le grand-duché de Varsovie.

Abensberg et Eckmuhl. — Pour la première fois, Napoléon se laisse surprendre. Il s'était contenté d'envoyer Berthier avec des instructions pour le rassemblement des corps d'armée. Masséna doit se concentrer à Augsbourg, Davout à Ratisbonne; quant aux éléments du corps de Lannes, ils sont encore dispersés. Le 10 avril, les trois colonnes de l'armée autrichienne se dirigent vers la partie du Danube comprise entre Ratisbonne et Donauwerth : le corps de Bohême avec Bellegarde par la route de Cham, l'archiduc Charles par Scharding, le général Hiller par Braunau. Heureusement les Autrichiens mettent six jours à parcourir la courte distance qui sépare l'Inn de l'Isar, derrière lequel se sont repliés les Bavarois. Napoléon quitte Paris et arrive à temps pour réparer les fautes de Berthier : il rejoint Lannes à Donauwerth, prescrit à Masséna de se diriger sur Pfaffenhofen, à Davout de quitter Ratisbonne et de marcher vers Neustadt. Ce maréchal, prévenant les ordres de l'empereur, s'avançait déjà par le défilé d'Abach, quand, au débouché du village de Tengen, il rencontre inopinément le centre de l'archiduc en marche sur Ratisbonne; les Autrichiens sont repoussés. Napoléon est arrivé à Abensberg : avec les deux divisions de tête de Davout, les cuirassiers et les Allemands de Lannes, il forme le dessein de tomber sur la gauche autrichienne, que Masséna doit tourner par Landshut, et de la séparer de son centre, pendant que Davout tient à Tengen. Hiller, battu au combat d'Abensberg, abandonne Landshut avec un matériel considérable et s'échappe dans la direction de l'Inn. L'empereur se retourne alors contre l'archiduc Charles, qui s'est relié à Bellegarde par Ratisbonne et qui, malgré la défaite de sa gauche, a pris position sur les hauteurs d'Eckmuhl. Attaqué par Davout, auquel se sont jointes les troupes de Lannes, il est refoulé sur Ratisbonne, dont il coupe le pont, après avoir passé sur la rive gauche du Danube où il rallie le corps de Bellegarde. Il se jette ensuite par Cham en Bohême, pour revenir par Budweiss sur le Danube.

Ainsi se termine le premier acte de la campagne : cette merveilleuse bataille de cinq jours coûtait aux Autrichiens plus de 50,000 hommes et laissait Vienne à découvert.

Sur d'autres théâtres, l'archiduc Ferdinand était entré à Varsovie; l'archiduc Jean s'était jeté sur l'Italie, avait battu le prince Eugène à Sacile et l'avait rejeté derrière l'Adige; le Tyrol s'était soulevé, attaquait les détachements franco-bavarois et accueillait les Autrichiens avec enthousiasme.

Heureusement, les grands succès de Napoléon sur le Danube annulaient l'effet de ces revers.

Marche sur Vienne. — Dès le 24 avril, le lendemain de la prise de Ratisbonne, où Davout est laissé jusqu'à l'arrivée des Saxons de Bernadotte, l'armée française se dirige sur Vienne, par la rive droite du Danube : Masséna le long du fleuve, à droite Lannes et Bessières; enfin Eugène avec l'armée d'Italie et Marmont à la tête du corps de Dalmatie doivent traverser la Carinthie et la Styrie, de façon à s'interposer entre Vienne et l'archiduc Jean et rejeter ce prince en Hongrie.

L'Inn est passé sans résistance. Cependant Hiller avec 30,000 hommes essaie de tenir dans la forte position d'Ebersberg, sur la Traun, pour donner le temps à l'archiduc de repasser sur la rive droite du Danube. Ebersberg est enlevé par Masséna après un combat terrible. L'Enns n'est pas défendu, et le général Hiller se hâte de traverser le fleuve à Krems pour rejoindre l'archiduc Charles en Bohême. Un corps de cette armée essaie de déboucher par Linz sur nos derrières : il est battu par Bernadotte. Vienne fait mine de résister : un faible bombardement et la fuite de l'archiduc Maximilien la décident à ouvrir ses portes; mais son grand pont a été brûlé. Il va falloir passer de vive force le Danube devant 100,000 Autrichiens.

Essling (22 mai). — Napoléon n'a avec lui que les corps de Masséna et de Lannes, la garde impériale et la cavalerie. Il envoie l'ordre à Davout et à Vandamme de le rejoindre et prend ses dispositions pour aller chercher l'archiduc Charles au delà de la plaine du Marchfeld, sur les hauteurs de Wagram. L'île de Lobau, à deux lieues au-dessous de Vienne est choisie pour opérer le passage du Danube, divisé en ce point en quatre bras, le plus considérable étant le long de la rive droite. L'opération commence le 20 mai. Trois divisions avec Masséna et Lannes et une partie de la cavalerie ont à peine passé le fleuve, qu'une crue subite emporte les ponts et arrête le mouvement de l'armée. L'archiduc Charles en profite et avec des forces triples descend dans la plaine pour se jeter sur les villages d'Essling et d'Aspern occupés par les Français : après une lutte acharnée, ils restent en notre pouvoir. Pendant ce temps, les ponts ont été rétablis. Le lendemain, 22 mai, Napoléon a 60,000 hommes : il prend à son tour l'offensive et ordonne à Lannes de se porter contre le centre de l'archiduc pour le percer. Tout marche à souhait, quand le pont du grand bras se rompt complètement, au moment où le corps de Davout et surtout les munitions dont les troupes commencent à avoir besoin vont effectuer le passage. L'empereur ordonne la retraite. Les villages sont de nouveau le théâtre des plus terribles combats. L'ennemi, contenu par Masséna, n'ose inquiéter le mouvement de l'armée, qui repasse sur la rive droite, gardant Lobau comme tête de pont pour un second passage. Les pertes sont énormes de part et d'autre : 26,000 Autrichiens, 16,000 Français, dont le maréchal Lannes, perte irréparable !

Opérations secondaires. — L'échec d'Essling ranime les espérances des ennemis de la France : des soulèvements éclatent en Allemagne, sous la direction de Brunswick, Schill, Dœrnberg, mais sont promptement étouffés grâce à la sagesse des dispositions prises; le Tyrol s'insurge de nouveau, et c'est avec peine que Lefebvre avec les Bavarois se maintient dans cette autre Espagne. Dans la Pologne, l'archiduc Ferdinand était entré à Varsovie et s'était avancé jusqu'à Thorn. Le prince Poniatowski se jette en Gallicie et par cette heureuse diversion force l'archiduc à la retraite.

En Italie, malgré le succès de Sacile, l'archiduc Jean se retire, poursuivi par le vice-roi, qui le bat sur la Piave et s'empare de

Gœritz, de Trieste et de Laybach. Il appelle alors à lui Jellachich, qui ne lui amène du Tyrol que des débris, et il recule jusque sur la ligne du Raab, laissant devant Marmont Giulay pour s'opposer à la marche du corps de Dalmatie. Mais Graetz, défendu par le 84e régiment d'infanterie, résiste héroïquement *un contre dix*. Marmont peut opérer sa jonction avec le prince Eugène, qui s'est mis lui-même par Neustadt en relation avec l'armée d'Allemagne. Dans le dessein de rejeter son adversaire aussi loin que possible, Eugène l'attaque sur les bords du Raab, le bat et s'empare de la place du même nom. L'archiduc passe le Danube et se porte à Presbourg.

Wagram (6 juillet). — Pendant ce temps, Napoléon fait d'immenses préparatifs pour réparer sur le même champ de bataille son premier insuccès. Quatre ponts joignent la rive droite à l'île de Lobau fortifiée d'une manière formidable; cinq autres ponts peuvent être jetés en un moment entre l'île et la rive gauche. La grande armée, comprenant les corps de Masséna, d'Oudinot, de Davout, la garde, la réserve de cavalerie, les armées d'Italie et de Dalmatie, les Saxons et les Bavarois, compte 150,000 hommes avec 550 bouches à feu. L'archiduc Charles a des forces sensiblement égales, et, s'attendant toujours à un passage du même côté, il appuie sa droite à Aspern, son centre à Essling, sa gauche à Enzersdorf : ces villages ont été fortifiés et l'intervalle qui les sépare défendu par des redoutes. Du 1er au 4 juillet, l'armée française tout entière se rassemble dans l'île Lobau ou sur la rive droite; le 5, elle débouche à l'est de l'île sur des ponts jetés pendant la nuit. Aussitôt passés, les corps se déploient à droite d'Enzersdorf tournant ainsi toutes les défenses des Autrichiens, qui se replient leur gauche derrière le Russbach, de Neusiedel à Wagram, leur droite face à l'est d'Aspern à Wagram, déployée dans la plaine. Les Français suivent ce mouvement et attaquent dans la soirée, mais sans succès. C'est le lendemain, 6 juillet, que se livre la grande bataille.

Masséna placé à gauche et très inférieur à la droite autrichienne, qui essaie de le séparer du Danube et de s'emparer des ponts, est obligé de céder du terrain. A ce moment, Davout, après un combat terrible, est arrivé sur le Russbach, et, appuyé par Oudinot, commence à emporter les hauteurs de Neusiedel à Wagram. Alors Napoléon forme une énorme colonne de l'armée d'Italie, soutenue par la garde et les Bavarois, avec deux divisions de cavalerie sur les ailes et 100 bouches à feu en avant de son front. Tout cède devant elle : la bataille est gagnée. Cette journée coûte aux Autrichiens 36.000 hommes, dont un tiers prisonniers, et aux Français 18,000.

L'archiduc Jean, dont l'avant-garde est arrivée pour voir la défaite des siens, se replie sur Presbourg, pendant que l'armée de l'archiduc Charles se retire partie en Moravie, partie en Bohême, suivie de près par Masséna et par Marmont. Un nouveau combat s'engage à Znaïm, quand, sur la demande de l'archiduc, est signée une suspension d'armes.

Traité de Vienne (14 octobre 1809). — Trois mois après, l'armistice de Znaïm est transformé en paix définitive par le traité de Vienne.

L'Autriche cède à la France la Carniole, une partie de la Styrie et de la Croatie, qui doivent être réunies à l'Illyrie ; à la Bavière, la principauté de Salzbourg et autres districts entre l'Inn et la Traun ; enfin une grande partie de la Gallicie au grand-duché de Varsovie et à la Russie elle-même. Ce traité paraissait devoir consommer la ruine de l'Autriche.

Moins de six mois après, le 2 avril 1810, Napoléon épousait l'archiduchesse Marie-Louise.

CHAPITRE XVII.

Campagne de 1812 en Russie.

Causes et préliminaires de la guerre. — A Tilsitt, à Erfurt, Napoléon avait séduit et dominé Alexandre par l'ascendant de son génie et lui avait fait entrevoir le partage du monde. Pour lui plaire, pour lui faire adopter son système politique et le Blocus continental, il lui avait sacrifié la Pologne, il lui avait livré la Suède et la Turquie, nos vieilles et fidèles alliées, tout en réservant la question de Constantinople. Aussitôt la Russie s'était saisie de la Finlande et procédait à la conquête de la Moldavie et de la Valachie. Malgré ces satisfactions données à l'ambition russe, le tzar ne rencontrait dans son entourage que peu d'enthousiasme pour l'alliance française. Dès 1809, l'armée de Volynie fait presque cause commune avec les Autrichiens contre les Polonais du grand-duché de Varsovie. Au traité de Vienne, Alexandre prend sa part des dépouilles de l'Autriche; mais, après le mariage de Napoléon avec une archiduchesse, il regarde l'alliance comme rompue. Il demande alors à l'Empereur la promesse formelle que le royaume de Pologne ne sera jamais rétabli. Quand le duché d'Oldenbourg, sous prétexte d'infraction au blocus continental, est réuni à l'Empire, ainsi que la Hollande, le Hanovre et les villes hanséatiques, le Tzar proteste avec violence contre la spoliation dont est victime son beau-frère. Lui-même enfin, abandonnant le système continental, autorise l'entrée des denrées coloniales sous pavillon neutre et prohibe des marchandises françaises. L'Angleterre pousse des cris de joie. La guerre est tacitement déclarée.

L'Empereur envisage sans déplaisir cette guerre, qu'il regarde comme indispensable pour la fondation de la nouvelle société européenne. Il la croit également nécessaire, pour détourner l'attention de cette fatale guerre de la Péninsule. Dès 1810, sa résolution est prise : mais, comme il lui faut de longs préparatifs, il dissimule et il temporise. M. de Caulaincourt, puis M. de Lauriston, ses ambassadeurs auprès du Tzar, ont pour mission de le surveiller et de retarder la rupture.

Pendant ce temps, Napoléon prépare cette nouvelle et gigantesque expédition avec sa prévoyance ordinaire et met en œuvre des moyens d'action proportionnés à la grandeur de l'entreprise. Les conscriptions de 1811 et de 1812 sont levées rigoureusement; les contingents promis sont exigés des princes vassaux ou alliés de l'Empire. Les régiments d'infanterie française ayant été portés à six bataillons, les Français n'y peuvent suffire et des bataillons entiers sont formés d'étrangers.

Composition de l'armée. — La Grande Armée de 1812 compte huit corps d'infanterie. Le 1er corps est à lui seul une véritable armée. Il se compose de cinq divisions d'infanterie formées pour la majeure partie de Français, d'une division polonaise et d'un corps de cavalerie; total : 90,000 hommes rassemblés à Hambourg sous les ordres d'un chef énergique et sévère, le maréchal Davout. Le 2e corps confié au maréchal Oudinot, dont le quartier général est à Munster, se compose de deux divisions d'infanterie française, d'une division suisse et d'une division de cuirassiers; en tout : 40,000 hommes. Le 3e, sous le maréchal Ney, à Mayence, comprend deux divisions françaises, une wurtembergeoise et un corps de cavalerie, soit 49,000 hommes. Le 4e, qui est l'armée d'Italie commandée par le vice-roi, comprend la garde royale, une division italienne et deux divisions françaises, ensemble, 45,000 hommes. Le 5e corps est l'armée polonaise, de 36,000 hommes rassemblés à Varsovie, sous le prince Poniatowski. Le 6e est formé de 25,000 Bavarois réunis à Bayreuth sous le général Gouvion Saint-Cyr. Le 7e se compose de 17,000 Saxons rassemblés à Glogau sous le général Reynier. Le 8e, de 18,000 Westphaliens et Hessois à Magdebourg avec le roi Jérôme. En outre, le roi Murat doit commander une réserve spéciale de 15,000 cavaliers. La vieille et la jeune garde, d'un effectif total de 47,000 hommes, sont réparties en deux corps sous les maréchaux Mortier et Lefebvre. Les parcs et l'administration ne comptent pas moins de 18,000 hommes. En somme, la grande armée comprend 300,000 hommes d'infanterie, 70,000 cavaliers, 30,000 artilleurs avec un millier de bouches à feu. De plus, pour se ménager des renforts et assurer les communications en arrière, Napoléon fait réunir à Berlin une quarantaine de mille hommes sous le maréchal Victor et un pareil nombre à Mayence sous le maréchal Augereau. Enfin, d'après des traités particuliers, 30,000 Autrichiens doivent agir à l'extrême droite sous les ordres du prince Schwarzenberg, et 20,000 Prussiens commandés par le général d'York, à l'extrême gauche, doivent surveiller et côtoyer la Baltique.

Napoléon n'a pas négligé les alliances. Après la Prusse et l'Autriche, il s'est adressé à la Turquie et à la Suède. Mais la Turquie ne peut pardonner à la France son abandon à Tilsitt, et d'ailleurs son gouvernement est dominé par l'or et les intrigues de l'Angleterre. Quant à la Suède, revenue à l'alliance française, elle a élu pour prince royal le maréchal Bernadotte. Celui-ci demande la Norwège en compensation de la Finlande, et, sur le refus de Napoléon, qui d'ailleurs a fait occuper la Poméranie, il se jette dans les bras de la Russie.

Alexandre n'a donc pour alliés que la Suède et l'Angleterre. Pour résister à son formidable adversaire, il n'a fait que des apprêts médiocres et a rappelé seulement une partie de l'armée du Danube. Néanmoins, Napoléon lui demande une explication définitive sur ses armements. La Russie lui répond par un ultimatum, où elle réclame l'évacuation de la Prusse et de la Poméranie, un équivalent pour Oldenbourg et la liberté du commerce des neutres.

Campagne de 1812. — Le 21 avril, Alexandre quitte Saint-Pétersbourg pour se rapprocher de sa frontière menacée. Le 16 mai, Napoléon arrive à Dresde, où il trouve l'empereur d'Autriche, le roi de Prusse et la plupart des princes de la Confédération, et, de là, se rend à Thorn, Dantzig et Kœnigsberg. Toutes les forces françaises sont en mouvement de la Vistule au Niémen.

Les Russes ont trois armées de première ligne, sans compter les réserves : à Wilna, 120,000 hommes sous Barclay de Tolly ; à Nowogorodek, 60,000 commandés par le prince Bagration ; plus au sud, Tormasof a 40,000 hommes en Volynie, que vont bientôt rejoindre les 50,000 de l'armée du Danube. Ceux-ci sont opposés aux Saxons de Reynier et aux Autrichiens de Schwarzenberg. Contre Barclay et Bagration, Napoléon se propose d'agir avec le reste de ses forces disposées de la manière suivante : à l'extrême gauche, les Prussiens et la division polonaise du 1er corps placés sous les ordres du maréchal Macdonald doivent envahir la Courlande et assiéger Riga ; le maréchal Oudinot doit relier Macdonald avec le centre composé de Davout, Ney, Gouvion Saint-Cyr, Poniatowski, la réserve de cavalerie et la garde ; à droite enfin, sont le prince Eugène et le roi Jérôme.

Le 24 juin, le centre, formant une masse de 200.000 hommes, passe le Niémen à Kowno et se dirige sur Wilna. Les Russes évacuent cette capitale de la Lithuanie et se replient, la principale armée derrière la haute Duna, l'armée de Bagration derrière le haut Dniéper. Pour empêcher leur jonction, Napoléon donne l'ordre à Davout de marcher avec une partie de son corps contre Bagration, que le roi Jérôme doit menacer par le sud. Mais celui-ci, par son extrême lenteur, ne peut atteindre que l'arrière-garde russe à Neswije. Il se retire et est remplacé dans son commandement par le maréchal Junot.

Napoleon passe quinze jours à Wilna employés soit à pourvoir aux défenses de cette place et aux immenses approvisionnements qu'il veut y réunir, soit à presser la marche de ses colonnes et à ramasser les maraudeurs, qui, déjà au nombre de 30,000, dévastent le pays.

Witepsk a été le point de concentration choisi par les deux généraux russes. Barclay quitte son camp de Drissa, laissant Wittgenstein pour garder la route de Pétersbourg ; son arrière-garde résiste pendant deux jours à Ostrowno aux têtes de colonne de Napoléon. Il abandonne enfin Witepsk aux Français et cherche à rejoindre plus en arrière, à Smolensk, le prince Bagration qui a également été battu par Davout à Mohilew.

L'Empereur avait rejeté les dernières tentatives d'accommodement d'Alexandre et pourtant l'état de l'armée commençait à devenir inquiétant. Sur 400.000 hommes qui avaient un mois auparavant franchi le Niémen, 150,000 avaient déjà disparu par la désertion et les maladies, bien plus que par le feu ou le sabre des Russes. Les chevaux, réduits au régime du vert, mouraient par milliers.

Cependant la marche sur Smolensk est décidée. Battus d'abord à Krasnoë, les Russes ne nous abondonnent une de leurs plus antiques cités qu'après une bataille acharnée. Ils se retirent alors sur Moscou, en soutenant à Valoutina contre le maréchal Ney un rude combat d'arrière-garde. A droite, Schwarzenberg et Reynier avaient eu un succès sur Tormasof. A gauche, Oudinot puis Gouvion Saint-Cyr avaient battu Wittgenstein à Polotzk et Macdonald faisait l'investissement de Riga.

La Moskowa (7 septembre). — L'armée russe recule toujours, faisant le désert devant les Français. Mais l'opinion demande une grande bataille et porte au commandement en chef le vieux maréchal Koutousoff. Celui-ci s'arrête à Borodino sur la Kolotscha, affluent de la Moskowa, et fortifie par de nombreux ouvrages un terrain naturellement boisé et inégal. Il a de 120 à 130,000 hommes répartis en deux grands corps, celui de Barclay à droite en arrière de la grande redoute centrale et le long de la Kolotscha, celui de Bagration à gauche au village et aux redoutes de Semenofskoï. Napoléon a un nombre à peu près égal, les corps de Davout, Ney, Eugène, Poniatowski, la réserve de cavalerie et la garde. Après une lutte furieuse au centre et à la gauche russes, l'ennemi est rejeté sur la Moskowa. 50,000 Russes, 30,000 Français : telles sont les pertes de la journée.

Koutousoff se retire sur Moscou et vient prendre position au sud, sur la route de Kolomna. L'armée française fait son entrée triomphale dans la vieille capitale de l'empire. Cinq jours après, celle-ci n'existait plus : l'incendie allumé par ordre du gouverneur Rostopchine n'a laissé que des ruines au milieu desquelles il faut subsister.

Retraite de Moscou. — Napoléon reste un mois à Moscou : il hésite, il écrit à Alexandre, enfin il se décide à la retraite (19 octobre). A ce moment, Davout a 28,000 hommes, Ney 10,000, Poniatowski 5,000, le corps westphalien 2,000 ; la garde compte 22,000 hommes. Il y a encore 20 000 cavaliers aux trois quarts démontés, plus de 500 canons et une énorme quantité de bagages. La direction indiquée est celle de Kalouga, pays assez riche et non dévasté par les armées, et Smolensk. Mais le prince Eugène se heurte à Malo-Jaroslawetz contre l'armée de Koutousoff et la repousse. Malgré ce succès, Napoléon donne l'ordre de se rejeter à droite sur la première route. Davout, qui fait l'arrière-garde, est vivement attaqué à Wiasma. Les vivres sont insuffisants, les fourrages manquent, on tue les chevaux et on pille les voitures ; pour comble de malheur, le froid survient et la neige tombe épaisse. L'héroïque Ney couvre la retraite. On arrive à Smolensk, dont les approvisionnements ont été dissipés. Le nombre des hommes armés est réduit à 37,000. Ils marchent en trois colonnes à un jour d'intervalle : toutes trois sont successivement attaquées à Krasnoë ; le corps de Ney est anéanti.

Malheureusement, l'ennemi qui suit n'est pas seul à craindre. L'armée du Danube, ramenée par l'amiral Tchitchagof, rallie en Volynie Tormasof, et, laissant un fort détachement devant Schwarzenberg et Reynier, elle remonte le Dniéper pour rejoindre sur la Bérézina le prince Wittgenstein. Celui-ci, renforcé du corps de Finlande, a séparé Saint-Cyr de Macdonald et s'est emparé de Witepsk. Tchitchagof se saisit de Minsk. La ligne de retraite des Français est compromise. Alors Victor prend l'offensive pour dégager l'armée et envoie Oudinot reprendre Borisow déjà occupé par les Russes. Mais le pont de cette ville a été brûlé : heureusement, à trois lieues au-dessus, à Stoudianka, on découvre un point de passage où les pontonniers, dirigés par le général Éblé, jettent deux ponts. Oudinot passe le premier la Bérézina et essaie de tenir contre Tchitchagof. Ce général n'en fait pas moins sa jonction avec Wittgenstein à Borisow et tous deux forment le projet d'enfermer les Français à Stoudianka par les deux rives de la Bérézina. Oudinot et Ney résistent à Tchitchagof, Victor à Wittgenstein. Il faut enfin céder : on brûle les ponts et les débris de l'armée se retirent sur Wilna par Zembin.

Arrivé à Smorgoni, le 4 décembre, Napoléon se résout à quitter l'armée, laisse le commandement au roi Murat et part la nuit suivante pour la France. On comptait sur les approvisionnements de Wilna, sur le corps d'Augereau. Les soldats se précipitent dans la ville, dévorent les magasins et, au bruit du canon russe, s'enfuient sur la route de Kowno. Dès lors, il n'y a plus de retraite : Ney, toujours à l'arrière-garde, protège le pont du Niémen jusqu'au passage du dernier soldat. Le rendez-vous général était indiqué à Kœnigsberg : à peine y arrive-t-il quelques milliers d'hommes armés. C'est tout ce qui reste de plus de 400,000 soldats : 300,000 au moins ont péri ; le reste est prisonnier ou fuit par petites bandes, cherchant à repasser la frontière.

CHAPITRE XVIII.

Campagne de 1813 en Allemagne.

Reconstitution de l'armée. — L'Empereur était rentré à Paris, rappelé par la conspiration du général Malet et par la nécessité de faire face aux difficultés de la situation. Il avait vu l'armée vaincue par les éléments, plutôt que par l'ennemi ; mais il était loin de soupçonner toute l'étendue de son désastre. Voici le résumé de l'état de situation qu'adressait de Posen, le 1er février 1813, le prince Eugène, à qui Murat avait laissé le commandement : 1er corps : 1,600 hommes; 2e : 1,900; 3e : 1,000; 4e : 1,900 ; total : 6,400 combattants. C'était tout ce qui restait de plus de 125,000 hommes d'infanterie française. De la vieille garde, il y avait encore 500 hommes en état de servir ; la jeune garde n'existait plus.

La défection du général prussien d'York l'ayant obligé à rétrograder sur l'Elbe, le prince Eugène répartit dans les places de l'Oder les débris des quatre premiers corps, renforcés des compagnies dites garnisons des vaisseaux. Enfin, avec les restes de la division Durutte du 7e corps, avec la division Lagrange du 11e corps restée en Allemagne et la division Grenier, venue d'Italie, il se refit une petite armée.

Dans le même temps, Napoléon travaillait à reconstituer la Grande Armée. La conscription de 1812 avait été épuisée. La classe de 1813, au chiffre de 137,000 hommes, était arrivée dans les dépôts pendant le mois de décembre. En outre, au commencement de la campagne de Russie, 78,000 hommes de la garde nationale, formant le premier ban, organisés en 88 cohortes, avaient été chargés de la garde des frontières. Au mois de janvier 1813, l'Empereur les réunit quatre par quatre en 22 régiments de ligne. De plus, un sénatus-consulte appelle par anticipation 150,000 conscrits de la classe de 1814 et rétroactivement 100,000 hommes des quatre classes de 1809 à 1812. Un autre sénatus-consulte autorise bientôt une levée supplémentaire de

170,000 hommes sur les classes de 1807 à 1814 et la formation d'escadrons de gardes d'honneur donnant 10,000 cavaliers. Enfin, Napoléon prend 3,000 soldats de la garde municipale de Paris et des chefs-lieux, tire 8,000 hommes de l'artillerie de la marine et obtient environ 15,000 cavaliers montés et équipés par les villes et les départements.

Par ces divers moyens, il a sous les drapeaux 673,000 hommes, chiffre considérable, mais presque tous jeunes soldats. Or, tout va leur manquer, les cadres, les instructeurs, le temps pour s'instruire. Ils ne font à proprement parler que traverser les dépôts pour y recevoir effets, armes et équipement. Aussi, ne sont-ils faits ni à la manœuvre, ni à la marche. Ils vont semer les routes d'éclopés et de malades. Enfin, les fusils mêmes commencent à faire défaut.

C'est avec ces éléments sans force et sans instruction que reparait la Grande Armée. Elle comprend douze corps : le 1er corps, sous le maréchal Davout, à Hambourg; le 2e, sous le maréchal Victor, chargé de surveiller le moyen Elbe; le 3e, maréchal Ney; le 4e, général Bertrand; le 5e, général Lauriston; le 6e, maréchal Marmont; le 7e, général Reynier, qui compte les Saxons; le 11e, maréchal Macdonald; le 12e, maréchal Oudinot. Les 8e et 9e doivent être formés, l'un de Polonais, l'autre de Bavarois; le 10e est la garnison de Dantzig. La vieille garde a été reconstituée au moyen de soldats des armées d'Espagne; quant à la jeune garde, elle est, comme les troupes de ligne, composée de conscrits. L'artillerie est nombreuse, pour compenser, sans doute, l'infériorité de l'infanterie. En revanche, la cavalerie fait presque défaut : deux corps de cette arme sont cependant en formation, par les soins des généraux Latour-Maubourg et Sébastiani. « Nous livrerons des batailles d'Egypte », dit Napoléon, en prévision d'une campagne qui doit exposer une infanterie jeune aux charges d'une nombreuse cavalerie; et il recommanda la formation du carré.

Campagne de 1813. — La Prusse, cessant toute feinte, a fait alliance avec la Russie. L'Autriche a adhéré secrètement à la convention de Breslau entre les deux puissances du nord, dont les armées, sous Wittgenstein et Blücher, après avoir occupé Dresde, s'avancent dans la direction de Leipzig. En même temps, la ville de Hambourg se livre aux Russes; des corps de partisans se montrent avec audace à Lunebourg et à Magdebourg: la Westphalie s'insurge : la guerre de l'*Indépendance* a commencé.

Il s'agit, en effet, d'une lutte à mort pour la liberté des peuples et l'honneur des couronnes. Alexandre, repoussant toute idée de conciliation, s'est mis, en quelque sorte, à la tête d'une croisade européenne contre la domination napoléonienne; il a entraîné Frédéric-Guillaume hésitant. Il a fait appel au patriotisme des Allemands, sentiment nouveau pour ces peuples, qui avait donné déjà le duc de Brunswick-Œls, le major prussien Schill, le comte de Dœrnberg lui-même, dignitaire du royaume de Westphalie; et les Allemands y répondent avec enthousiasme. Le général des alliés, le vieux Blücher, personnifie leurs haines et leurs aspirations; il va être le premier rôle de cette lutte, qu'il dirigera avec un patriotisme ardent, une activité extrême en dépit des années et une audace indomptable.

Weissenfels, Lutzen, Bautzen. — Napoléon a quitté Paris et est arrivé à Weimar, où il a 110,000 hommes sous ses ordres, sans compter les troupes du prince Eugène qui, de Magdebourg, se porte à sa rencontre. Il prend immédiatement l'offensive. Les brillants combats de Weissenfels (29 avril et 1er mai) lui ouvrent la route de Leipzig et enflamment d'ardeur des jeunes troupes. Le lendemain, 2 mai, le 3e corps (Ney), qui s'est déjà battu à Weissenfels, est attaqué par Blücher aux villages de Kaya et de Gœrschen, pendant la marche de l'armée sur Leipzig. Les villages sont pris et attaqués six fois : ils restent enfin aux mains des Français. Blücher profite en vain de l'obscurité pour tenter une dernière attaque avec sa cavalerie. Les forces alliées sont obligées de repasser l'Elbe avec une perte de 15,000 hommes et vont occuper les positions de Bautzen. La victoire de Lutzen nous a livré Dresde, où le roi de Saxe est rétabli. Les formidables retranchements de Bautzen ne peuvent arrêter l'élan des troupes qui les attaquent de front, pendant que le maréchal Ney les tourne par Wurtschen (20 et 21 mai). C'est encore une belle victoire : les alliés perdent 18,000 hommes, mais ils en font perdre 12,000 aux Français. La cavalerie se montre pour la première fois à Reichenbach, culbute la cavalerie ennemie et la poursuit jusqu'à Gœrlitz. La Neiss, la Queiss, le Bober, la Katzbach sont successivement franchis. Le 1er juin, l'armée française est à Glogau, Liegnitz, Breslau.

Armistice de Pleswitz. — Le 4, par l'entremise de l'Autriche, un armistice est signé à Pleswitz; un congrès se réunit à Prague pour traiter d'une paix générale. Personne n'y croyait. Napoléon avait accepté la médiation de la cour de Vienne, pour essayer de la retenir dans son alliance et pour se donner le temps de renforcer sa cavalerie; les Prussiens et les Russes, pour se remettre de leurs défaites, attendent Bernadotte qui débarquait à Stralsund et Benningsen qui arrivait du fond de la Russie. L'attitude de l'Autriche ne laisse bientôt plus aucun doute : elle achève ses armements pour entrer dans la coalition.

Composition des armées. — Napoléon a modifié l'organisation de la Grande Armée. Il a dédoublé l'ancien 1er corps : les divisions qu'il en tire conservent ce numéro sous les ordres du général Vandamme; celles qui restent avec Davout prennent le nom de 13e corps. Le 9e corps est constitué sous le commandement du maréchal Augereau. Un 14e corps est donné au maréchal Gouvion Saint-Cyr. Il y a cinq corps de cavalerie; la garde atteint le chiffre de 68,000 hommes. A la reprise des hostilités, l'Empereur a en campagne environ 400,000 hommes, dont 300,000 seulement sur le théâtre de la guerre : 30,000 avec Davout à Hambourg, 80,000 avec Oudinot à Wittemberg, 190,000 sous ses ordres immédiats, de Dresde à Liegnitz. Malheureusement les maladies déciment ces jeunes troupes et la nourriture insuffisante ne peut réparer leurs forces qui s'épuisent.

Les armées directement opposées à Napoléon sont :

1° L'armée du Nord, forte de 130,000 hommes, commandée par Bernadotte, prince de Suède, composée de Suédois, de Prussiens et de Russes; elle campe sur le Havel et défend Berlin.

2° L'armée de Bohême, 230,000 Autrichiens, Prussiens et Russes, sous les ordres du prince Schwarzenberg, ayant pour quartier-général Prague.

3° L'armée de Silésie, forte de 120,000 Prussiens et Russes, commandée par le général de Blücher, sur la rive droite de l'Oder, en Silésie.

Goldberg, Dresde, Kulm. — Ce général, dès le 9 août, a violé l'armistice en envoyant un corps considérable se joindre à l'armée de Schwarzenberg. Le 15, il insulte les avants-postes français; puis, prenant l'offensive, il passe la Katzbach de vive force et livre à Deutmannsdorf, sur les bords du Bober, un combat acharné. Napoléon a laissé Gouvion Saint-Cyr à Dresde et de Gœrlitz il se dirige vers les Riesengebirge, quand il apprend qu'une partie de l'armée de Silésie a fait sa jonction avec l'armée de Bohême et que Blücher est sur le Bober. Il revient sur ses pas, repousse l'avant-garde ennemie à Lœvenberg et à Buntzlau et livre à Blücher le sanglant combat de Goldberg, où il lui inflige une perte de 10,000 hommes. Laissant Macdonald devant l'armée de Silésie, l'Empereur, faisant faire à sa garde 40 lieues en 4 jours, la ramène à Dresde. Cette ville, que Saint-Cyr défendait avec 18,000 jeunes soldats, était vivement pressée par Schwarzenberg, qui avait passé les Erzgebirge avec 150,000 hommes. Napoléon la dégage le 26 et le lendemain rejette, avec une perte de 30,000 hommes, le maréchal autrichien en Bohême. Par malheur, Vandamme, envoyé d'avance pour couper la retraite aux fuyards, est pris à Kulm entre les Russes de Barclay de Tolly et le corps prussien de Kleist : plus de la moitié de son corps d'armée est anéantie.

La Katzbach, Gross-Beeren, Dennewitz. — En Silésie, Blücher a concentré son armée à Jauer, derrière la Neisse Furieuse, affluent de la Katzbach. Macdonald veut l'attaquer dans cette position ; Blücher, de son côté, a pris l'offensive : les deux armées se rencontrent. Les colonnes françaises se trouvent isolées les unes des autres et sont écrasées. Macdonald perd 20,000 hommes tués ou pris, ses canons et une grande partie de ses bagages.

Dans le même temps, Oudinot, exécutant les ordres de l'Empereur, s'est porté sur Berlin. Attaqué à Gross-Beeren par Bernadotte, il est battu par suite de la mauvaise conduite des Saxons et rejeté sur Wittenberg. Ney, qui le remplace, se fait également battre à Dennewitz et recule jusque sous les murs de Torgau.

Tels sont les fruits de la méthode adoptée par les alliés, d'après les conseils des transfuges français, Bernadotte, Moreau et Jomini : refuser le combat à Napoléon et attaquer ses lieutenants en son absence.

A la suite de la bataille de la Katzbach, les Prussiens ont passé la Neisse. Napoléon les attaque à Wohlenberg et les poursuit l'épée dans les reins jusqu'à Gœrlitz. Après la retraite de l'Empereur, qui est allé défendre contre Schwarzenberg les débouchés des Erzgebirge, Blücher se reporte en avant et occupe Bautzen, où il attend l'arrivée de Benningsen avec l'armée russe de réserve. Il force alors à Wartenbourg le passage de l'Elbe contre Bertrand, qui se replie derrière la Mulde et y rejoint le prince de la Moskowa. Bernadotte a également passé l'Elbe à Roslau.

Cependant, rien n'est encore perdu. Le général Reynier se reporte sur Wittenberg, passe l'Elbe et s'empare des ponts de Dessau et d'Aken. Le général Bertrand se rend maître de Wartenbourg ; le pont de Roslau est détruit. Maître des passages des ennemis, Napoléon se propose de manœuvrer sur la rive droite de l'Elbe et de menacer Berlin. De son côté, Blücher, pour retenir Bernadotte, l'a rejoint sur les bords de la Saale, sacrifiant ainsi Berlin et la Prusse.

Leipzig (16 et 18 octobre). — La défection de la Bavière change le plan de Napoléon, qui se concentre à Leipzig, appelant à lui le roi de Naples, qui est resté en observation à Freyberg. En comptant le corps d'Augereau appelé de Wurzbourg, déduction faite des 30,000 hommes laissés à Dresde avec Saint-Cyr et des pertes éprouvées, l'armée française est encore forte de 160,000 hommes. Les armées alliées, en présence, comptent plus de 300,000 hommes. La grande *bataille des Nations* s'engage le 16 octobre. Le prince Schwarzenberg commence l'attaque ; Blücher bat à Mœckern, au nord de Leipzig, le maréchal Ney et le rejette sur la Partha. La journée du 17 se passe dans l'attente de la réserve russe de Benningsen et en préparatifs pour la lutte suprême du lendemain. Les Saxons quittent les rangs français. Malgré cette odieuse défection, Napoléon se maintient partout ; mais, n'ayant plus de munitions, il se met en retraite. La destruction trop hâtive du pont de Lindenau, sur l'Elster, cause la perte de 30,000 hommes de l'arrière-garde. Plus de 100,000 soldats restaient morts ou blessés sur le champ de bataille.

Hanau. — 80,000 Français seulement peuvent atteindre la Saale à Weissenfels, et la retraite se continue par Erfurt, Gotha, Fulde, jusqu'à Hanau où les Bavarois se flattent de leur barrer le chemin. Beaucoup ont quitté les rangs et ont formé des bandes de *fricoteurs*. Les autres, soutenus par les grenadiers et les chasseurs de la vieille garde, renversent ce dernier obstacle et arrivent à Mayence (4 novembre).

A cette date, voici ce qui reste pour la garde du Rhin de la

Grande Armée : 5,000 hommes de Bâle à Germersheim, sous le maréchal Victor ; 8,000 de Germersheim à Coblentz, sous le maréchal Marmont ; 9,000, de Coblentz à Nimègue, sous le maréchal Macdonald. A ce chiffre, il convient d'ajouter 10,000 hommes de la garde et 10,000 cavaliers démontés pour la plupart. Nous avons ainsi un effectif de 42,000 hommes, doublé un moment par l'arrivée de soldats de l'intérieur, mais ramené bientôt à son premier et misérable état par le terrible fléau, connu sous le nom de typhus de Mayence. Malgré des appels successifs, 100,000 conscrits seulement avaient pu être dirigés sur les dépôts. Le cri général était pour la paix.

Du côté des alliés, Blücher bloquait Mayence et occupait le cours moyen du Rhin, pendant que l'armée du Nord cherchait à s'emparer du Rhin inférieur, l'armée de Bohême au sud se reliant à celle de Silésie. Alors, sous l'influence de l'Autriche, s'ouvrent à Francfort des négociations sur la base des frontières naturelles de la France, le Rhin, les Alpes et les Pyrénées. Napoléon fait une réponse ambiguë pour gagner du temps, quand un grave incident vient révéler aux alliés l'affaiblissement réel de sa puissance. La Hollande se soulève et le général Molitor est obligé de rétrograder sur la Belgique Decaen, puis Maison lui succèdent, et, incapables de disputer le pays à Bulow et à Winzingerode, se contentent de sauver Anvers. Dans le même temps, Saint-Cyr capitule à Dresde, Rapp à Dantzig ; les autres places de la Vistule, de l'Oder et de l'Elbe se rendent également. Le prince Eugène se trouve compromis dans la haute Italie, par suite de la défection du roi Murat. Wellington est sur l'Adour. L'invasion de la France va commencer.

CHAPITRE XIX.

Campagne de 1814 en France.

Le 1er janvier 1814, l'armée de Silésie passe le Rhin à Coblentz, Caub et Manheim. Marmont ne peut résister et recule sur la Sarre, puis à Verdun. Blücher entre à Nancy sans coup férir. De l'armée de Bohême, qui passe entre Bâle et Schaffouse, la droite s'étend en Alsace et passe les Vosges, le centre se dirige sur Besançon et Langres, la gauche, commandée par Bubna, se porte à travers la Suisse sur Genève et a Lyon pour objectif. Winzingerode achève la conquête de la Hollande. Ainsi, à la fin de janvier, les trois armées de Schwarzenberg, de Blücher et de Winzingerode occupent une ligne continue de Langres à Namur, ayant sur leurs flancs les corps de Bubna et de Bulow, qui agissent isolément. Le plan des alliés est de faire leur jonction sur la Marne et de marcher sur Paris.

Obligés de rétrograder, les maréchaux Victor, Marmont et Macdonald se sont repliés à Saint-Dizier, Vitry et Châlons, ayant en arrière d'eux Ney et Mortier en réserve. L'Empereur, privé des vieilles troupes d'Espagne et d'Italie, des bonnes garnisons de l'Oder, de l'Elbe et du Rhin, n'a que 80,000 hommes à opposer aux 500,000 soldats de la coalition.

SAINT-DIZIER, BRIENNE, LA ROTHIÈRE. — Après avoir rallié à Vitry les corps de Marmont, Ney et Victor, laissant Macdonald à Châlons pour garder la Marne, Mortier à Troyes pour garder la Seine, il se porte lui-même sur le flanc droit de l'armée de Silésie, bat Sacken à Saint-Dizier, surprend Blücher à Brienne et emporte la ville après une vive résistance. Le général prussien bat en retraite sur Trannes, où il fait sa jonction avec Schwarzenberg..Napoléon, acharné à la poursuite, se heurte à la Rothière contre des forces quadruples. Après un combat acharné, il est forcé de se replier, et, passant par le pont de Lesmont, il va rejoindre Mortier à Troyes.

Dans un conseil de guerre tenu entre Schwarzenberg, Blücher

et Barclay de Tolly, il est convenu que l'armée principale poursuivra Napoléon vers Troyes et cherchera à l'envelopper, pendant que l'armée de Silésie gagnera rapidement Paris par la vallée de la Marne. D'après ce plan, Blücher, passant par Fère-Champenoise, arrive à Vertus, où il fait sa jonction avec le général d'York, qui, après avoir battu Macdonald à Châlons, le poursuit dans la direction d'Epernay et de Château-Thierry. Il envoie Sacken à la Ferté-sous-Jouarre, pour couper la retraite au maréchal. Mais celui-ci repousse l'avant-garde ennemie et arrive à Meaux. C'est alors que s'ouvre à Châtillon un congrès diplomatique, où les alliés se proposent de réduire la France aux frontières de 1790.

CHAMPAUBERT, MONTMIRAIL, CHATEAU-THIERRY ET VAUCHAMP. — Napoléon, laissant Victor à Nogent et Oudinot à Bray pour défendre les ponts de la Seine, se porte rapidement avec sa garde, Ney et Marmont contre l'armée de Silésie. Il écrase à Champaubert le corps d'Olsufiew et coupe en deux l'armée prusso-russe. Puis, se portant contre Sacken, il le défait à Montmirail, le rejette dans Château-Thierry, où il bat également le corps d'York, et pousse les deux généraux vaincus dans la direction de Fismes. Blücher, ignorant toute l'étendue de son malheur, était à Etoges. A cette nouvelle, il se met à la tête du corps de Kleist, d'une division de Langeron et des débris d'Olsufiew et se porte à Vauchamp. Battu par Napoléon et poursuivi par la cavalerie, il se retire jusqu'à Châlons, où York et Sacken viennent le rejoindre. L'armée de Silésie a perdu 25,000 hommes.

MORMANS, MONTEREAU, MÉRY. — Pendant ce temps, Schwarzenberg s'avançait lentement dans la vallée de la Seine, de Méry à Fontainebleau. L'Empereur, ralliant les corps de Macdonald, Victor et Oudinot, qui s'étaient repliés sur la ligne de l'Yères, tombe sur la tête de cette longue colonne (Wrède et Wittgenstein) à Mormans, la bat et la force à repasser la Seine. Le lendemain, le prince de Wurtemberg est écrasé à Montereau. Schwarzenberg bat précipitamment en retraite sur Troyes, appelant à lui Blücher, dans le but de livrer une grande bataille à l'Empereur. L'armée de Silésie parvient à Méry-sur-Seine et à Arcis-sur-Aube. Winzingerode, arrivant par Reims, l'a remplacée à Epernay. Napoléon, sans perdre de temps, bat l'avant-garde prussienne à Méry, la rejette sur l'Aube ; puis, se portant contre Schwarzenberg, le chasse de Troyes et le force à se replier jusqu'à Bar. Le généralissime autrichien apprend, en même temps, qu'Augereau est aux portes de Genève et menace ses communications : il se met en retraite sur Chaumont. Alors s'ouvrent à Lusigny de nouvelles négociations, qui n'aboutissent pas plus que le congrès de Châtillon.

CRAONNE, LAON. — Par l'influence de lord Castelreagh, l'Angleterre, l'Autriche, la Prusse et la Russie signent le traité de Chaumont, qui non seulement resserre leur alliance, mais l'oblige encore pour vingt ans. Dans cette situation, Blücher écrit aux souverains que tout est perdu si l'on renonce à l'offensive et demande à marcher sur Paris avec les généraux Bulow et Winzingerode. Toute liberté d'action lui est accordée et Schwarzenberg reçoit l'ordre de se reporter en avant. Blücher arrive à Sézanne et bat Marmont, qui recule jusqu'à la Ferté-sous-Jouarre et se joint à Mortier. De là, les deux maréchaux se portent sur Meaux, en détruisent les ponts, et, à l'abri des entreprises de Sacken et de Langeron, ils font face à l'est et résistent victorieusement à Blücher sur la rive droite de l'Ourcq. Celui-ci, apprenant l'arrivée de Napoléon, fait passer la Marne au reste de ses troupes et bat en retraite sur Soissons, qui capitule et sauve ainsi son armée. Les armées du Nord et de Silésie sont réunies. Napoléon, voyant Blücher lui échapper, rappelle de Soissons Marmont et Mortier, et, passant l'Aisne à Béry-au-Bac, se porte contre le plateau de Craonne. Blücher, après un violent combat, est obligé de se retirer à Laon, où il concentre toutes ses troupes dans des positions inexpugnables. L'Empereur battu, après une lutte terrible de deux jours, laissant Mortier à Soissons, se rejette sur Reims, occupé par le corps russe de Saint-Priest, et l'emporte d'assaut.

ARCIS-SUR-AUBE, FÈRE-CHAMPENOISE, SAINT-DIZIER. — Pendant qu'York et de Kleist, passant l'Aisne à Béry-au-Bac, repoussent les maréchaux Marmont et Mortier dans la direction de Château-Thierry, Blücher marche sur Châlons avec les corps Sacken et Langeron. Napoléon s'est dirigé vers l'Aube, négligeant de couvrir Paris et ne songeant qu'à battre et à faire reculer encore l'armée de Schwarzenberg. Celui-ci a repris l'offensive, repoussé

Oudinot et Macdonald à Bar-sur-Aube et à Troyes, et, après la bataille de Laon, s'est avancé jusqu'à Nangis. Mais, apprenant que l'Empereur marche contre lui, il repasse la Seine et se met en pleine retraite. Napoléon l'atteint à Arcis-sur-Aube. Après un combat acharné de deux jours contre des forces très supérieures, il se dirige sur Saint-Dizier, dans le dessein de couper les communications des armées alliées et de les contraindre à la retraite. Mais l'empereur Alexandre et le roi de Prusse font décider qu'on se portera en avant. Blücher est arrivé à Epernay, Schwarzenberg à Vitry. En marchant pour se réunir, les deux grandes armées repoussent à Fère-Champenoise Marmont et Mortier, qui cherchent à rejoindre l'Empereur, et anéantissent la malheureuse division Pacthod dans les marais de Saint-Gond.

Rien n'arrête plus les alliés. Pendant que les corps d'York et de Kleist poussent devant eux les débris de Marmont et de Mortier, qui ont pris le chemin de Provins, et les rejettent sur Charenton, les trois colonnes de Blücher, de Barclay de Tolly et de Schwarzenberg se présentent devant Paris. Napoléon, trompé un instant sur les mouvements des alliés par la présence de Winzingerode avec un corps nombreux de cavalerie, bat le général russe à Saint-Dizier et se porte sur Paris en toute hâte. Il est trop tard : les alliés ont donné l'assaut et enlevé les hauteurs de Montmartre. Marmont demande une suspension d'armes. Une capitulation est signée dans la nuit du 30 au 31 mars. L'armée française sort de Paris et se retire derrière l'Essonne. Napoléon n'a plus qu'à abdiquer : il part pour l'île d'Elbe.

CHAPITRE XX.

Campagne de 1815 (traités de Vienne).

CAMPAGNE DE 1815. — Le 1er mars 1815, Napoléon débarque dans le golfe Juan ; le 20 mars, il est à Paris. C'en est fait encore une fois des Bourbons, c'en est fait aussi de la paix. L'Europe, réunie à Vienne, séparant de nouveau la cause de Napoléon de celle de la France, met l'Empereur hors la loi. Toutes ses armées, mises sur le pied de guerre, se portent contre nos frontières. Dès les premiers jours de juin, 800,000 étrangers menacent le territoire français. Ce sont :

70,000 Austro-Sardes, sur le Var et en Savoie, sous le général Frimont ;

40,000 Suisses, qui gardent la neutralité de leurs cantons contre la France ;

260,000 Autrichiens et Allemands, le long du Rhin supérieur, sous le prince Schwarzenberg ;

180,000 Russes, qui se dirigent sur Mayence, sous le maréchal Barclay de Tolly ;

En Belgique, 100,000 Anglais, Hanovriens et Hollandais, commandés par le duc de Wellington, et 140,000 Prussiens, sous les ordres du prince Blücher de Wahlstadt.

L'expérience de la dernière guerre a dicté leur plan de campagne. Pendant que les deux grandes armées autrichienne et russe franchiront le Rhin et se dirigeront vers Châlons-sur-Marne pour s'y réunir, Wellington et Blücher doivent déboucher par Maubeuge et Avesnes et marcher sur Laon. L'objectif commun de toutes ces armées est Paris.

A cette même époque, l'Empereur dispose d'une armée de 200,000 hommes, dont 128,000 rassemblés sur la frontière du Nord. Il se propose de porter ses troupes en Belgique par des mouvements rapides, afin de surprendre les deux armeés prussienne et anglaise avant leur concentration, de les battre séparément et de les rejeter au loin. Ce plan avait également l'avantage d'éloigner la guerre du territoire français.

L'armée destinée à agir sous son commandement est composée de cinq corps d'infanterie, de la garde impériale et de quatre corps de cavalerie. Le maréchal Soult en est le major général.

Le 1er juin, le 1er corps d'infanterie (d'Erlon) est à Valenciennes ; le 2e (Reille), à Avesnes ; le 3e (Vandamme), à Rocroy ; le 4e (Gérard), à Metz ; le 5e (Lobau), à Laon ; la garde, à Compiègne ; les quatre corps de cavalerie de Pajol, Exelmans, Kellermann et Milhaud, de Laon à Avesnes, sous le commandement en chef du maréchal Grouchy.

Résolu de porter la guerre en Belgique, Napoléon fait mettre tous ces corps en marche de façon à les réunir entre Sambre et Meuse, vis à vis de Charleroi. Le 14 juin, ils sont concentrés, la gauche à Solre-sur-Sambre, le centre à Beaumont, la droite à Philippeville.

Les alliés ont pris leurs dispositions pour attendre l'attaque de Napoléon ou l'arrivée en ligne de toutes leurs forces. Appuyés sur les places fortes, ils occupent : Wellington, le nord et l'ouest de la Belgique, avec Bruxelles pour quartier-général ; Blücher, la partie orientale des Pays-Bas, avec Namur.

L'armée anglaise comprend deux corps d'armée, une réserve et un corps de cavalerie. Le 1er corps (prince d'Orange) est à Mons ; le 2e (Hill), à Ath ; le corps de cavalerie (Uxbridge), à Grammont ; Wellington, avec la réserve, se trouve à Bruxelles.

L'armée prussienne est divisée en quatre corps commandés par Zieten, Pirch, Thielemann et Bulow. Les deux premiers, cantonnés de Bonne-Espérance à la Meuse, surveillent l'espace compris entre ce fleuve et la Sambre ; le troisième est à Ciney ; le quatrième, en réserve à Liège. Blücher a son quartier général à Namur, à 16 lieues de celui de Wellington.

Les forces coalisées se trouvent ainsi développées sur un front de 160 kilomètres de l'est à l'ouest et sur une profondeur de 70 kilomètres. Elles sont donc mieux placées pour vivre que pour se concentrer rapidement.

Napoléon a résolu de se porter au centre des positions des alliés, de les percer et de battre chacun d'eux séparément. Il faut, pour réussir, déboucher vivement par Charleroi, occuper aussitôt la chaussée qui conduit de Namur à Nivelles et que coupe presque perpendiculairement aux Quatre-Bras la route de Bruxelles.

Le 15 au matin, l'avant-garde française (Reille) de la colonne de gauche donne sur les avant-postes prussiens, les replie et les chasse de Thuin, puis de Marchienne sur la Sambre. Les Prussiens reculent jusqu'à Gilly. Au centre, Pajol avec le 1er corps de cavalerie est arrivé devant Charleroi. Bientôt appuyé par la jeune garde, il enlève cette ville et pousse l'ennemi sur les deux routes qu'il a devant lui, la chaussée de Bruxelles passant par les Quatre-Bras et Waterloo, celle de Namur qui traverse Gilly, Fleurus et Sombreffe. Pendant ce temps, la droite (Gérard) partie de Philippeville se dirige sur Châtelet, village au-dessous de Charleroi, et s'en empare. Les divisions de Zieten, obéissant aux ordres reçus, se replient sans désordre sur Fleurus.

Napoléon donne l'ordre de continuer le mouvement offensif. Le maréchal Ney, qui vient de prendre le commandement de l'aile gauche (1er et 2e corps d'infanterie), enlève Gosselies et Frasnes et rejette sur les Quatre-Bras la brigade de Saxe-Weimar qui forme l'extrême gauche de l'armée anglaise. Au centre, Grouchy, enfin rejoint par Vandamme, emporte les hauteurs de Gilly défendues par une division prussienne et la repousse jusqu'au-delà de Fleurus. L'armée française est réunie sur la rive gauche de la Sambre.

Cependant Zieten a immédiatement averti les généraux alliés du mouvement des Français. En conséquence, les trois premiers corps prussiens se réunissent entre Namur et Sombreffe. Bulow seul est en retard. Wellington donne à son tour à ses troupes l'ordre de se concentrer et d'appuyer à gauche vers la chaussée de Charleroi.

Le 16, Napoléon, faisant une nouvelle répartition de son armée, donne l'aile gauche au maréchal Ney, l'aile droite au maréchal Grouchy et garde avec lui sa garde comme réserve. Il prescrit ensuite à Ney de marcher sur Bruxelles, pendant que Grouchy se portera dans la direction de Sombreffe.

Ligny. — Blücher, posté sur les hauteurs de Ligny, attend avec 88,000 hommes le choc de ce qu'il prend pour l'armée française tout entière. Celle-ci est disposée de la façon suivante : Vandamme en avant de Fleurus, ayant derrière lui la division Girard du 2e corps ; Gérard au centre ; Pajol et Exelmans à droite ; Milhaud et la garde en deuxième ligne à hauteur de Fleurus. Le 6e corps (Lobau) a été laissé près de Charleroi.

Au pied du plateau de Fleurus coule le ruisseau du Ligny, qui traverse le village de ce nom et les hameaux de Saint-Amand. Ces localités sont défendues par des bataillons de Zieten, dont les réserves sont au-delà sur les hauteurs de Bry et au point culminant de Bussy. Pirch se tient à Sombreffe, sur la chaussée de Namur à Nivelles; Thielemann sur cette chaussée et sur celle de Charleroi. L'armée prussienne couvre ainsi Bruxelles et se tient en communication avec l'armée de Wellington.

Vandamme fait attaquer le village de Saint-Amand, l'emporte et s'y maintient malgré les efforts de Blücher lui-même, qui vient animer les combattants. Grouchy, à droite, occupe par des démonstrations de cavalerie le général Thielemann. Au centre, Gérard dirige l'attaque contre Ligny : la lutte atteint là le plus haut degré d'acharnement. Blücher tente alors un vigoureux effort sur la gauche des Français pour la déborder et saisir enfin la chaussée de Fleurus. Il échoue et revient pour soutenir son centre enfoncé par les réserves de Napoléon, quand il tombe et reste embarrassé sous son cheval tué. Le général Gneisenau, son chef d'état-major, fait battre en retraite dans la direction de Wavre. Les Prussiens ont perdu 18.000 hommes et plusieurs milliers de prisonniers; pendant la nuit, 12.000 soldats environ se débandent et prennent la fuite vers Liège. Les Français ont 10,000 hommes hors de combat.

Pendant ce temps, le maréchal Ney, que le corps d'Erlon n'a pu rejoindre, vivement engagé avec le prince d'Orange, lutte jusqu'au soir avec sa bravoure ordinaire contre les troupes anglaises sans cesse renforcées : il doit enfin se replier sur Frasnes. Cependant la défaite des Prussiens entraîne la retraite de l'armée anglaise, qui va occuper la position de Waterloo reconnue à l'avance et choisie par Wellington. Blücher lui promet de le rejoindre.

Le 17, l'Empereur, quittant son quartier général de Fleurus, prescrit à Grouchy de se porter à Gembloux, de suivre la trace des Prussiens et de s'assurer s'ils se séparent des Anglais ou s'ils tentent de se réunir à eux pour couvrir Bruxelles. Il laisse à ce maréchal les corps de Vandamme et de Gérard, la cavalerie d'Exelmans, la moitié de celle de Pajol et une division d'infanterie de Lobau, en tout : 33,000 hommes. Lui-même se porte aux Quatre-Bras et prend le commandement de l'aile gauche forte alors de 72,000 hommes avec 240 pièces de canon. Les Français atteignent à la brune le plateau de Belle-Alliance et prennent position en face de Wellington.

Waterloo (18 juin). — Le général anglais, qui a des forces à peu près égales, attend avec calme l'attaque de son adversaire, assuré de l'excellence de sa position et du secours promis par Blücher. Napoléon perd en préparatifs la première moitié de la journée. Pendant ce temps, Bulow se met en marche et s'achemine vers le champ de bataille. Grouchy s'ébranle à la même heure, et, apprenant que les Prussiens se trouvent en grande force à Wavre, se porte sur cette ville. A 11 heures et demie, l'Empereur commence la lutte, en attaquant la droite anglaise à Hougoumont. L'infanterie de Reille est engagée dans un combat opiniâtre contre les défenseurs du château, quand l'avant-garde de Bulow apparait sur les hauteurs de la chapelle Saint-Lambert. Lobau est immédiatement détaché avec 10.000 hommes pour l'arrêter : en même temps, il est ordonné à Grouchy de manœuvrer pour rejoindre l'aile droite de l'armée.

Vers une heure et demie, Napoléon, jugeant l'ennemi suffisamment ébranlé par le feu de son artillerie, porte en avant les quatre divisions du 1er corps pour enlever la ferme de la Haie-Sainte, franchir le ravin et marcher au plateau du mont Saint-Jean. Mais l'aile gauche, commandée par Picton, résiste énergiquement à toutes les attaques; une charge de cavalerie n'a pas plus de succès : la ferme reste encore aux mains de la défense.

Napoléon veut en finir avant l'entrée en ligne des troupes prussiennes. Il donne l'ordre au maréchal Ney de se porter sur le centre de l'ennemi, après avoir enlevé la Haie-Sainte. 5.000 cavaliers, conduits par Ney en personne, gravissent la pente du mont Saint-Jean et livrent un combat aussi héroïque qu'inégal.

A la gauche comme à la droite, on continue à lutter sans faire beaucoup de progrès. Hougoumont et Papelotte tiennent toujours.

Cependant, à quatre heures et demie, les Prussiens ont commencé à déboucher sur le champ de bataille. Bulow engage aussitôt l'action contre le faible corps de Lobau, bientôt renforcé par les divisions Duhesme et Morand de la garde. En même temps, Ney reprend une dernière charge avec 4.000 hommes de grosse cavalerie. Après des prodiges de valeur, il est encore une fois obligé d'abandonner le plateau. L'Empereur lui a envoyé, mais trop tard, 3,000 grenadiers et chasseurs de la garde.

A la suite de Bulow, les avant-gardes de Pirch et de Zieten ont débouché des bois de Paris et de Ohain. Deux divisions de

Zieten se dirigent vers Belle-Alliance et reprennent Papelotte : Blücher lui-même conduit l'attaque. Wellington, à son tour, passant soudainement de la défensive à l'offensive, porte sa ligne en avant et rejette complètement les Français du plateau. A Plancenoit, la position est désespérée; deux divisions de Pirch sont venues y renforcer Bulow. Déjà tournés par le mouvement de Zieten, débordés par la cavalerie du prince Guillaume, les faibles régiments de Lobau sont refoulés après une lutte d'une énergie sauvage. A neuf heures, toute résistance a cessé.

Gneisenau dirige la poursuite : la cavalerie prussienne pousse jusqu'à Gosselies, sabrant les malheureux fuyards. Napoléon s'est retiré par Genappe à Charleroi et de là à Philippeville.

Fin de la campagne de 1815. — Le lendemain de Waterloo, le maréchal Grouchy s'empare enfin de Wavre et bat le général Thielemann, puis, apprenant la défaite de l'Empereur, il bat en retraite par la vallée de la Meuse. Le maréchal Soult lui prescrit alors de se porter par Reims à Soissons; 20,000 hommes sont déjà réunis à Laon.

Les généraux alliés conviennent que leurs armées marcheront sur Paris par la rive droite de l'Oise. Ce sont 130,000 hommes qui envahissent le territoire français défendu par 50,000 soldats, auxquels une défaite récente et l'abdication de l'Empereur ôtent tout espoir de vaincre. Blücher presse la marche de ses colonnes, celle de Zieten et Thielemann sur Compiègne, celle de Bulow sur Pont-Sainte-Maxence.

La petite armée française est concentrée sur le flanc gauche des Prussiens à Soissons, sous les ordres du maréchal Grouchy, à qui le gouvernement provisoire vient de donner le commandement en chef, avec ordre de ramener l'armée sous Paris. Après le brillant combat de Villers-Cotterets, il fait prendre position aux troupes : Reille, d'Erlon, la garde, au nord de la ville, dans les lignes construites pour sa défense ; Vandamme, sur les hauteurs de Montrouge. Après une tentative des Prussiens contre Aubervilliers, Blücher, laissant l'armée anglaise devant les retranchements du nord, forme le projet de tourner ses attaques contre la partie sud de Paris. En conséquence, Thielemann se dirige sur Saint-Germain ; Zieten marche sur le village de Maisons ; Bulow suit à son tour par Argenteuil. Pendant qu'un grand conseil de guerre délibère à Paris si l'on doit capituler ou se défendre, le général Exelmans anéantit de Vélizy à Rocquencourt la brigade de cavalerie de Sohr ; les derniers coups de feu sont tirés à Issy le 3 juillet au matin : Paris est livré sans résistance. Les alliés occupent la capitale, pendant que les troupes françaises prennent le chemin de la Loire, où un ordre royal de licenciement va bientôt les atteindre.

L'armée est aussitôt réorganisée avec des jeunes soldats par le maréchal Gouvion Saint-Cyr en 86 légions départementales d'infanterie, 47 régiments de cavalerie et 12 d'artillerie, donnant un effectif de 180,000 hommes, auxquels vont s'ajouter les 40,000 hommes de la garde royale.

Le 20 novembre, les traités de 1815 sont définitivement signés. Dix-huit forteresses gardées pendant trois ans par 150,000 Anglais et Allemands entretenus par la France, une contribution de guerre d'un milliard, notre ancienne frontière entamée, un demi-million de Français retranchés de la patrie : telles sont les conditions imposées par l'étranger.

CHAPITRE XXI.

La Restauration. — Expéditions d'Espagne, de Morée et d'Alger.

L'histoire militaire de la Restauration se compose de trois campagnes : l'expédition d'Espagne, l'expédition de Morée, l'expédition d'Alger.

Expédition d'Espagne. — Au plus fort de leur guerre avec la France, les Cortès insurrectionnelles d'Espagne avaient proclamé la Constitution libérale de 1812. A peine restauré, en 1814, Ferdinand VII rétablit dans toute sa rigueur le pouvoir absolu.

Le 1er janvier 1820, Riego, chef d'un des bataillons réunis à Cadix pour aller faire rentrer dans le devoir les colonies d'Amérique insurgées contre la métropole, soulève sa troupe au nom de la Constitution de 1812. Le mouvement gagne les provinces, Madrid même. Le roi est obligé d'accepter la Constitution et de convoquer les Cortès. Mais les partisans de la royauté absolue s'organisent, forment une *armée de la Foi* et la guerre civile commence à désoler l'Espagne. Cette situation intéressait la France, à cause de ses relations avec ce pays qui menaçait de tomber sous l'influence exclusive de l'Angleterre.

A la fin de 1822, après trois années de luttes et de négociations, Montmorenci, ministre des affaires étrangères, avec l'assentiment de l'Autriche, de la Prusse et de la Russie, et malgré l'Angleterre, fait accepter par le Congrès de Vérone l'intervention militaire de la France en faveur de Ferdinand VII.

L'importance de l'expédition est surtout politique. Cependant, on allait mettre à l'épreuve de nouvelles institutions militaires et le souvenir de la lutte gigantesque de 1808 à 1814 inquiétait les esprits : les temps étaient changés.

En 1820, les légions avaient disparu avec le système du recrutement départemental. D'après la loi de recrutement de 1818, un contingent de 40,000 hommes dans chaque classe désignés par le sort doit six ans de service actif et six ans de service territorial. Les régiments ont été rétablis et se recrutent indistinctement de toutes les parties du territoire.

Déjà, une épidémie qui sévissait en Catalogne avait fourni au gouvernement de Louis XVIII un prétexte suffisant pour établir, sous le nom de cordon sanitaire, un corps d'observation le long des Pyrénées. Au commencement de 1823, le duc d'Angoulême, ayant le général Guilleminot pour major-général, va prendre le commandement de l'armée, forte de 80,000 hommes et divisée en cinq corps, dont un de réserve : 1er corps, maréchal Oudinot; 2e corps, général Molitor; 3e corps, prince de Hohenlohe; 4e corps, maréchal Moncey; corps de réserve, général Bordesoulle.

Les chefs du gouvernement constitutionnel à Madrid se sont contentés de jeter des garnisons dans les places et de concentrer le gros de leurs forces dans le midi, où ont été transférés le roi et les Cortès.

Le 7 avril, l'armée française passe la Bidassoa ; le 24, le duc d'Angoulême fait son entrée à Madrid, sans avoir eu à livrer de combats sérieux. Le gouvernement constitutionnel va s'enfermer dans Cadix, dont le général Bordesoulle commence bientôt le blocus. Un 5e corps, maréchal Lauriston, entre à son tour en Espagne.

Après le combat de Campillo, qui amène la soumission du général Ballesteros, et après l'arrivée du duc d'Angoulême devant Cadix, le siège de cette place commence. L'épisode le plus brillant de cette action de guerre est l'assaut donné à la presqu'île du Trocadéro, que les Espagnols avaient séparée de l'île de Léon par une large coupure. La chute du fort de Santi-Pietri amène la reddition de la place. Le roi Ferdinand est mis en liberté par les Cortès. Dans le nord de la Péninsule, la prise des places de la Navarre et de la Catalogne par les maréchaux Lauriston et Moncey achève la ruine du parti constitutionnel. Avant la fin de l'année, le duc d'Angoulême et la plus grande partie de l'armée française avaient repassé les Pyrénées.

Expédition de Morée. — En 1821, les Grecs avaient commencé à s'agiter dans la Morée; puis l'insurrection avait gagné les montagnes au nord du golfe de Lépante. Après quatre années perdues en efforts inutiles, le sultan réclame l'assistance de son vassal, le pacha d'Egypte. Les Egyptiens, commandés par Ibrahim-Pacha, vont replacer la Grèce sous le joug des Turcs, quand l'héroïque résistance et la fin tragique de la petite ville de Missolonghi suscitent dans toute l'Europe un mouvement décisif en faveur des Hellènes. Par le traité de Londres (juillet 1827), l'Angleterre, la France et la Russie se portent médiatrices entre la Porte et les insurgés. Bientôt, un incident non prémédité met inopinément dans la baie de Navarin les escadres des trois puissances aux prises avec la flotte turque, qui est détruite.

Dès lors, la guerre existe de fait. L'année suivante, les Russes commencent sur le Danube une campagne, qui doit aboutir au traité d'Andrinople. Au mois d'août, le gouvernement français envoie un corps expéditionnaire de 15,000 hommes, sous le commandement du général Maison, qui débarque à Navarin. Ibrahim et ses Egyptiens se rembarquent sans résistance. Les quelques postes occupés par les Turcs en Morée se rendent aux Français : le château de Morée seul, entre les golfes de Patras et de Lépante, demande un petit siège.

Telle a été l'expédition de Morée, militairement presque nulle, et qui pourtant passionna sous la Restauration l'opinion publique devenue philhellène.

Expédition d'Alger. — L'expédition d'Alger est bien autrement importante et remarquable par sa préparation habile et son heureuse exécution.

La piraterie des Barbaresques, des Algériens particulièrement, était un scandale intolérable au XIXe siècle. Une insulte faite par le dey Hussein, à notre consul, M. Deval, décide le gouvernement de Charles X à une réparation éclatante. Malgré les représentations de l'Angleterre, qui en fait un *casus belli*, une expédition considérable se prépare dans nos ports de la Méditerranée.

L'amiral Duperré commande la flotte, qui comprend 103 bâtiments de guerre et 572 navires de commerce. Le corps expéditionnaire, sous les ordres du général de Bourmont, ministre de la guerre, se compose de trois divisions à trois brigades, commandées par les généraux Berthezène, de Loverdo et des Cars, total : 37,000 hommes, 4,000 chevaux et 90 bouches à feu.

Le 25 mai 1830, l'expédition sort de Toulon, est forcée par les vents contraires de relâcher aux Baléares, et enfin mouille le 14 juin au sud-ouest de la petite presqu'île de Sidi-Ferruch. Quelques travaux de campagne font du terrain de débarquement un véritable camp retranché, dont la 1re division tient la gauche, la 2e la droite, la 3e campant plus en arrière. Le 19 juin, l'armée du dey engage le combat en se jetant sur notre gauche, mais est repoussée et abandonne le camp de Staoueli. Après un nouvel engagement à Sidi Kalef, l'armée parvient devant Alger. Pendant que l'escadre de guerre bombarde la ville, les batteries de siège ouvrent le feu contre le fort l'Empereur, qui vient à sauter (4 juillet). Hussein renonce non seulement à la lutte, mais encore à la souveraineté. Cinquante millions trouvés dans le trésor de la Kasbah sont pris et envoyés en France.

Sans perdre de temps, pour tirer toutes les conséquences de sa victoire, Bourmont, devenu maréchal, envoie par mer des détachements occuper Bône d'un côté, Oran de l'autre; lui-même dirige une reconnaissance sur Blidah, quand la nouvelle de la révolution de Juillet lui arrive comme un coup de foudre. Le 2 septembre, il est remplacé par le général Clausel et s'embarque pour l'exil.

CHAPITRE XXII.

Gouvernement de Juillet. — Siége d'Anvers. Conquête de l'Algérie.

Malgré son amour pour la paix, le gouvernement de Louis-Philippe va être amené à faire le siége d'Anvers et à continuer la conquête de l'Algérie.

SIÈGE D'ANVERS. — Les Belges supportaient impatiemment la prépondérance de la Hollande, à laquelle il avaient été réunis. La révolution de Juillet fut pour eux un signal et un encouragement. Les Hollandais sont chassés de Bruxelles et l'indépendance de la Belgique est proclamée.

Cette révolution de Bruxelles, venant après celle de Paris, irrite la Russie, inquiète l'Autriche et la Prusse. L'Angleterre seule, en se déclarant pour la France et la Belgique, empêche d'éclater la guerre générale. La convention de Londres, dite des Dix-huit articles, est favorable aux Belges. Ceux-ci avaient d'abord pensé à se réunir à la France; sur le refus de Louis-Philippe, ils élisent pour roi son second fils, le duc de Nemours, et à défaut de ce prince, le duc Léopold de Saxe-Cobourg.

Cependant les Hollandais ont de nouveau envahi la Belgique et remporté quelques succès : ils ne se retirent que devant l'intervention de 50,000 Français sous les ordres du maréchal Gérard. Alors la conférence de Londres signe le traité des Vingt-quatre articles, qui enlève à la Belgique une partie du Limbourg et du Luxembourg. Le roi de Hollande n'en repousse pas moins toute transaction et refuse de rendre Anvers.

Après une année de négociations inutiles, le siège d'Anvers commence (29 novembre 1832). L'armée française, commandée par le maréchal Gérard, est forte de 60,000 hommes et se compose de 4 divisions d'infanterie à 2 brigades, d'une nombreuse cavalerie et de plus de 100 pièces de place et de siège. La garnison, sous les ordres du général Chassé, résiste énergiquement dans la citadelle. La prise de la lunette Saint-Laurent et la brèche faite au corps de la place menacée d'assaut l'obligent enfin à capituler (23 décembre).

A la place d'une voisine hostile, la France s'est créée sur sa frontière du nord une puissance amie.

Conquête de l'Algérie. — Reprenant une idée du maréchal de Bourmont, le général Clausel, à peine installé dans son commandement, crée un, puis deux bataillons de *zouaves*, composés exclusivement d'indigènes. Il se dirige ensuite vers le sud avec une colonne de 8,000 hommes pour châtier le bey de Titery de son manque de foi, s'empare de Blidah et de Médéah et y établit un nouveau dey. Partisan de l'occupation restreinte, il s'entend avec le bey de Tunis pour la nomination, à Constantine et à Oran, de deux princes qui se reconnaitraient vassaux de la France. Mais le gouvernement français le désavoue et le rappelle avec les deux tiers de ses troupes.

Le général Berthezène (février 1831) a 10,000 hommes à peine et on ne lui envoie comme renforts que 2,000 Parisiens, dits volontaires de la Charte. Aussi Médéah est abandonné et l'on est presque bloqué dans Alger.

Son successeur, le duc de Rovigo (janvier 1832) à Alger, ainsi que le général Boyer à Oran, convaincus qu'il faut gouverner les indigènes avec une rigueur inexorable, ne réussissent qu'à s'attirer leur haine. Cependant Bône est définitivement occupé.

Le général Voirol remplace (avril 1833) le duc de Rovigo et fait occuper Bougie par le général Trézel.

A la même époque, le général Desmichels à Oran est aux prises avec de grandes difficultés. Un marabout jeune, brave, plein de talents, Abd-el-Kader, s'est fait reconnaître pour chef de la tribu des Hachem et s'est établi à Mascara ; il prêche la guerre sainte. Le général Desmichels occupe Arzeu et Mostaganem, puis il commet la faute de signer avec le chef arabe un traité qui le reconnait pour émir avec tous les privilèges de la souveraineté.

En septembre 1834, le comte d'Erlon arrive avec des pouvoirs très étendus et le titre de gouverneur général. Il remplace le général Desmichels par le général Trézel. Pendant ce temps, Abd-el-Kader étend son autorité au delà du Chéliff, jusqu'en pleine Mitidja. Le général Trézel essaie de s'opposer aux envahissements de l'émir, pousse sur le Sig et éprouve à son retour de grandes pertes dans les gorges de la Macta.

Le maréchal Clausel (août 1835), accompagné du duc d'Orléans, part d'Oran avec 11,000 hommes pour venger l'échec de la Macta. Il bat Abd-el-Kader sur le Sig et s'empare de Mascara, une autre colonne entre à Tlemcen. Le général Bugeaud, envoyé de France, inflige une nouvelle défaite à l'émir sur les bords de la Sikkah et consolide nos conquêtes.

Au commencement de 1836, l'effectif général des troupes françaises en Afrique est de 35,000 hommes. Le nouveau gouverneur général forme le dessein d'affirmer son autorité dans l'est par l'occupation de Constantine. Mal renseigné, il part de Bône avec le duc de Nemours et un corps expéditionnaire d'environ 8,000 hommes, échoue dans ses tentatives pour enlever la ville de vive force et fait une retraite pénible, dans laquelle se distingue le commandant Changarnier.

Le général Damrémont (avril 1837) organise une nouvelle colonne de 10,000 hommes comprenant quatre brigades et quelques pièces de siège. Il est tué et remplacé par le général Valée. Mais la brèche est faite et la ville emportée d'assaut. Cette prise de possession entraîne la soumission de presque tout le beylik de Constantine, ainsi que d'une grande partie de l'ancienne régence d'Alger.

Pendant ce temps, le général Bugeaud, désireux d'attacher Abd-el-Kader au service de la France, conclut le traité de la Tafna qui abandonne à l'émir l'administration des beyliks d'Oran et de Titery, en ne réservant que les ports d'Oran, Arzeu et Mostaganem. Abd-el-Kader alors organise une armée régulière de 6,000 hommes avec des canons, et, pour s'essayer, va faire le siège d'Aïn Madhi.

Le général Valée, devenu maréchal et gouverneur général, occupe Blidah et Sétif, crée le port de Philippeville, fait communiquer les provinces d'Alger et de Constantine au sud de la Kabylie par le défilé des Portes-de-Fer dans les Bibans et consolide la domination française. Abd-el-Kader alarmé lui notifie la guerre sainte; mais il est battu, échoue devant Mazagran et ne peut tenir au col de Mouzaïa : Médéah, Milianah sont occupés (1840).

Le général Bugeaud prend le commandement en février 1841 et fait prévaloir le principe de l'occupation étendue. Il a 90,000 hommes, avec lesquels il va faire occuper un certain nombre de points stratégiques, d'où il pourra régulièrement au printemps et à l'automne lancer au loin des colonnes légères. Dès le printemps 1841, Mascara, Boghar tombent aux mains du général de La Moricière. En 1842, le général Bedeau, établi à Tlemcen, fait occuper Sebdou. Le général Bugeaud lui-même, parti de Mostaganem, rencontre sur le Chéliff le général Changarnier venant d'Alger et soumet les tribus Kabyles de cette région. En 1843, Bugeaud expulse Abd-el-Kader du massif de Cherchell, et le duc d'Aumale le poursuit vers le sud et s'empare de sa Smala près d'Aïn-Taguin.

Cependant notre ennemi a réussi à entraîner contre nous l'empereur du Maroc, Abd-er-Rhaman. Le prince de Joinville bombarde Tanger et Mogador, et le maréchal Bugeaud gagne une bataille d'Egypte sur les 25,000 cavaliers marocains près de l'Isly (14 août 1844).

L'insurrection sévit en 1845 et se prolonge jusqu'en 1846, provoquée par Abd-el-Kader et d'autres agitateurs, entretenue par le désastre de Sidi Brahim. Mais Bugeaud a 115,000 hommes; il met en mouvement jusqu'à quatorze colonnes à la fois : Abd-el-Kader se réfugie encore une fois au Maroc.

A la fin de 1847, le duc d'Aumale est nommé gouverneur général de l'Algérie. L'émir se rend à La Moricière et fait sa soumission.

La révolution de 1848 se fait sentir en Afrique par des insurrections. La prise de Zaatcha demande cinquante et un jours de tranchée ouverte et un assaut terrible, qui coûtent au général Herbillon 1,500 hommes tués ou blessés (novembre 1849). Trois ans après, une autre oasis, El Aghouat, est emportée par le général Pélissier en trois jours.

Restent à soumettre les massifs de la grande et de la petite Kabylie. Plusieurs expéditions y sont heureusement conduites en 1851 par le général de Saint-Arnaud, en 1853 et 1854 par le gouverneur général Randon. Dès lors, l'Algérie est conquise.

CHAPITRE XXIII.

Second Empire. — Campagne de Crimée (traité de Paris).

CAMPAGNE DE CRIMÉE (1854-1856) ; AFFAIRES D'ORIENT. — La guerre de Crimée eut pour prétexte la question des Lieux-Saints. Une violente querelle s'était élevée à Jérusalem entre les catholiques grecs et les catholiques romains. Depuis les croisades, la France a pris sous sa protection les chrétiens du rite latin, résidant en Palestine, et sous cette question religieuse se cache une question d'influence politique dans les affaires d'Orient. De son côté, la Russie s'est attribué le patronage des catholiques du rite grec.

En 1853, l'empereur Nicolas, jugeant la Turquie suffisamment malade, envoie à Constantinople en ambassade extraordinaire le prince Menschikoff, qui réclame du sultan l'extension du protectorat russe à tous les grecs de l'empire ottoman. Cette demande exorbitante n'aboutit qu'à un refus, et, après trois mois d'efforts, Menschikoff quitte Constantinople.

Le 3 juillet, les Russes passent le Pruth et envahissent les principautés danubiennes. Les deux flottes anglaise et française sont déjà dans la baie de Besika, prêtes à franchir les Dardanelles pour protéger la capitale ottomane.

Les négociations entamées par les grandes puissances dans la conférence de Vienne ayant échoué devant les prétentions de la Russie et les refus de la Turquie, les flottes alliées, sur l'invitation qui leur en est faite, viennent mouiller dans le Bosphore. En même temps, Omer-Pacha, à la tête d'une armée de 130,000 hommes, tient en échec les Russes, qui, battus à Oltenitza, repoussés à Kalafat, doivent renoncer à assiéger Widdin.

Cependant l'Angleterre et la France hésitent encore : la destruction de la flotte turque à Sinope par l'amiral Nakhimoff les décide à s'unir définitivement par la convention de Londres (10 avril 1854). La Russie se trouve isolée par la neutralité hostile de l'Autriche et par la neutralité amie de la Prusse.

Gallipoli-Varna. — La France prépare alors une expédition, dont le commandement est confié au maréchal de Saint-Arnaud, que remplace au ministère de la guerre le maréchal Vaillant. Lord Raglan doit commander l'armée anglaise.

La préparation à la guerre est lente et pleine de tâtonnements. Les alliés débarquent à Gallipoli et s'y organisent. Le corps expéditionnaire français comprend deux divisions d'infanterie (Canrobert et Bosquet), une brigade de cavalerie (d'Allonville) et un corps de réserve (prince Napoléon), qui devient bientôt 3e division; la division Forey, qui vient du Pirée, forme la quatrième division de l'armée d'Orient, dont le général de Martimprey est le major-général.

Pendant ce temps, l'escadre anglaise a bombardé Odessa et les Russes assiégent Silistrie, qui résiste à tous leurs efforts.

Les alliés, hors d'état encore de commencer la lutte, se contentent de se rapprocher du théâtre des opérations et se transportent à Varna au nombre de 30,000 Français et 20,000 Anglais.

Bientôt (21 juillet), pour soustraire ses troupes aux atteintes du choléra, mettre un terme à une inaction pénible et détourner l'attention de son véritable objectif, le maréchal de Saint-Arnaud envoie les trois premières divisions de l'armée dans la contrée marécageuse de la Dobrutscha, pendant que le général Canrobert va reconnaître les rivages de la Crimée. Décimés par le fléau, les Français battent en retraite et c'est avec bonheur qu'ils reçoivent l'ordre d'embarquement.

Déjà, un premier succès avait honoré nos armes dans la Baltique, où le général Baraguey d'Hilliers avait réduit la forteresse de Bomarsund.

Expédition de Crimée; Alma (20 *septembre*). — Le 7 septembre, 250 navires transportent en Crimée 30,000 Français, 22,000 Anglais, 7,000 Turcs, et les débarquent du 14 au 18 sur la place d'Oldfort, au sud d'Eupatoria.

Le 19, en se dirigeant vers le sud, l'armée rencontre postés sur les fortes positions de la rive gauche de l'Alma 38,000 Russes, sous le commandement du prince Menschikof. Le lendemain, après de longs retards causés par les Anglais, la bataille s'engage à la droite occupée par l'armée française et protégee du côté de la mer par des vaisseaux de la flotte alliée. Après quatre heures de lutte, les Russes voyant leur gauche tournée par la division

Bosquet qui a escaladé des escarpements à pic, leur centre enfoncé par la prise de la tour du Télégraphe, battent en retraite vers Sébastopol avec perte de 6,000 hommes.

Les alliés franchissent successivement la Katcha, le Belbek, la Tchernaïa ; le jour de ce dernier passage (26 septembre), la mort du maréchal de Saint-Arnaud, victime du choléra, fait passer le commandement de l'armée française aux mains du général Canrobert.

Siége de Sébastopol. — Commandement du général Canrobert. — Le prince Menschikoff, après avoir laissé 30,000 hommes dans Sébastopol, s'était dirigé sur Baktschi-Saraï, dans le but de menacer le flanc et les derrières des alliés et de maintenir ses communications avec la Russie. L'amiral Kornilof, énergiquement secondé par l'amiral Nakhimof et par le lieutenant-colonel Todleben, organise la défense, barre l'entrée de la rade en coulant des vaisseaux de guerre et met la place à l'abri d'un coup de main. « Cependant, dit Todleben, ni l'exaltation des troupes, ni leur résolution de se battre jusqu'à la dernière extrémité, n'auraient pu sauver Sébastopol, si l'ennemi l'eût attaqué immédiatement après son passage de la Tchernaïa. ».

Décidés à accepter un siége régulier, les alliés s'installent : l'armée française au sud-ouest et au sud de la ville, entre la mer et le ravin de Sarandinaki (plus tard dit *des Anglais*), maintenant ses communications avec le port de Kamiesch où est sa flotte; l'armée anglaise entre le ravin et la vallée de la Tchernaïa, ayant en arrière d'elle le port de Balaklava. La place est loin d'être investie; elle reste par le nord en communication directe avec l'intérieur, d'où lui arrivent constamment des renforts et des vivres.

Dès le commencement d'octobre, les travaux du siége sont poussés avec vigueur. Le 17, le premier bombardement a lieu par 126 pièces du côté des alliés contre 250 du côté de la défense. L'amiral Kornilof est tué, mais les Russes conservent la supériorité du feu. Le génie dirige ses travaux vers le Bastion du Mât, choisi pour but de l'attaque principale. L'armée française a reçu la 5e division (Levaillant) qui porte son effectif à 42,000 hommes ou à 47,000 avec la division turque; l'armée anglaise en compte 22,000.

Balaklava (25 octobre). — L'armée russe a également reçu des renforts. Le prince Menschikoff dirige une entreprise contre la base d'opérations des Anglais. Le combat de Balaklava (25 octobre) est remarquable par la prise des redoutes turques par le général Liprandi, l'insuccès de la cavalerie russe et la charge aussi intempestive qu'héroïque de la brigade légère anglaise du comte de Cardigan, heureusement dégagée par un détachement de cavalerie française.

Inkermann (5 novembre). — Le 5 novembre, à Inkermann, les Russes renouvellent la lutte contre les Anglais qui plient sous une furieuse attaque, quand l'entrée en ligne des brigades Bourbaki et d'Autemarre de la division Bosquet change l'issue de la bataille. Les Russes laissent 12,000 hommes sur le terrain; les alliés en ont perdu près de 5,000.

Malgré le froid d'un hiver rigoureux et les souffrances des troupes, les travaux d'attaque et de défense n'en continuent pas moins avec énergie.

L'armée anglaise est réduite à 10,000 hommes. Mais les Français ont reçu une 6e division d'infanterie (Paté), une 7e (Dulac), une 8e (de Salles).

Le général Pélissier et le général Niel sont arrivés à l'armée, dont l'effectif total est d'environ 80,000 hommes. D'après les ordres de l'Empereur (9 février 1855), elle est répartie en deux corps d'armée et une réserve. Le 1er corps, sous les ordres du général Pélissier, reste chargé des attaques de gauche, depuis la baie de la Quarantaine jusqu'au ravin de Sarandinaki. Le 2e corps, général Bosquet, du ravin des Docks jusqu'à la rade de Sébastopol, doit faire l'attaque principale contre le front Malakoff, regardé dès lors comme la clef de la défense de la place. Entre ces deux attaques se trouve comprise celle des Anglais.

Les derniers événements du commandement du général Canrobert sont une attaque infructueuse des Russes sur Eupatoria, l'échec du général de Monet contre l'Ouvrage-Blanc du 22 février, l'occupation par les Russes du Mamelon-Vert. L'empereur Nicolas meurt (2 mars) et a pour successeur Alexandre II; le prince Menschikoff quitte la Crimée et laisse le commandement au prince Gortchakoff. Après un deuxième bombardement resté sans résultat et à la suite de difficultés d'entente avec lord Raglan, le général Canrobert, donnant un grand exemple d'abnégation, demande à l'Empereur (16 mai) de vouloir bien le relever du commandement en chef et le replacer à la tête de son ancienne division.

COMMANDEMENT DU GÉNÉRAL PÉLISSIER. — A cette date, l'armée alliée se compose de 115,000 Français, 32,000 Anglais, 55,000 Turcs, 17,000 Piémontais ; total : 219,000 hommes, dont 185,000 disponibles.

Pour donner satisfaction à lord Raglan, une expédition dirigée par le général Brown va s'emparer de Kertch et d'Iénikalé.

Pendant ce temps, devant Sébastopol, on attaque la gabionnade russe du Cimetière et le général Canrobert descend dans la plaine de la Tchernaïa.

Le 6 juin, le troisième bombardement prépare l'assaut qui doit être donné, le lendemain, par le 2e corps, général Bosquet. A droite, la division Mayran, soutenue par la division Dulac, enlève les Ouvrages-Blancs ; à gauche la division Camou, ayant pour soutien la division Brunet, s'empare du Mamelon-Vert. Ces glorieux combats coûtent 5,500 hommes aux Français.

Assaut du 18 juin. — Encouragé par ces premiers succès, Pélissier fait préluder par le quatrième bombardement à l'assaut du 18 juin. Le 17, après avoir achevé la cinquième parallèle, les Français se trouvaient encore à 400 mètres du saillant de Malakoff; les Anglais étaient à 250 mètres du grand redan.

Par suite d'un malentendu, la division Mayran, chargée de l'attaque de droite, devance le signal et va échouer contre le bastion 1, entre la batterie de la Pointe et le petit redan; la division Brunet, au centre, est repoussée devant la courtine qui relie le petit redan à Malakoff; la division d'Autemarre seule, prend pied dans la batterie Gervais et dans quelques maisons du mamelon Malakoff. Quant aux Anglais, partis sur trois colonnes, sous le commandement du général Brown, ils ont échoué contre le grand redan. Les pertes des Français sont de plus de 3,500 hommes, dont les généraux Mayran et Brunet tués; celles des Anglais de plus de 1,700. Dix jours après, lord Raglan meurt du choléra et est remplacé par le général Simpson.

La Tchernaïa (16 août). — Les travaux lents du siège sont repris. Les pertes des Russes devenant considérables, ceux-ci décident qu'une bataille sera livrée à l'armée d'observation. C'est la bataille de la Tchernaïa ou de Traktir (16 août), qui se termine par la défaite complète des Russes qui ont 8,000 hommes tués ou blessés.

Dès le lendemain, le cinquième bombardement a lieu et la lutte d'artillerie continue causant d'énormes dommages à la défense.

Le 5 septembre, le sixième et dernier bombardement commence par 609 pièces du côté des Français et 194 du côté des Anglais, contre 1,380 bouches à feu russes.

Assaut du 8 septembre. — Le 8 septembre, jour fixé pour l'assaut, les travaux sont parvenus au *Vieux Siège* à 40 mètres du bastion central, à 30 mètres du bastion du Mât ; au *Nouveau Siège*, à 25 mètres du saillant de Malakoff et de celui du petit redan. Il est arrêté que l'ennemi sera abordé sur tout le périmètre de l'enceinte. A gauche, du côté de la ville, le 1er corps français, général de Salles, doit donner l'assaut au bastion central, puis à celui du Mât. Au centre, les Anglais ont pour mission, Malakoff une fois pris, de marcher sur le grand redan. A droite, le général Bosquet confie l'attaque de Malakoff au général de Mac-Mahon, qui a remplacé Canrobert, celle du petit redan au général Dulac et celle de la courtine qui relie ces deux ouvrages au général de la Motterouge. A midi, l'artillerie se tait et les troupes s'élancent. De toutes ces attaques, celle de Malakoff réussit seule. Le général Mac-Mahon s'établit dans la position et repousse tous les retours offensifs des Russes.

PRISE DE SÉBASTOPOL. — Mais le résultat est atteint. Pendant la nuit, les Russes évacuent Sébastopol en flammes et passent sur la rive nord de la rade, laissant 13,000 tués ou blessés dans les ouvrages et la ville ; les alliés en ont perdu 10,000.

Ainsi finit le siège de Sébastopol, après une durée de 349 jours. Le général Pélissier était promu maréchal de France ; cette haute dignité fut également conférée bientôt aux généraux Canrobert et Bosquet.

De fait, la guerre est terminée : les alliés ne tentent rien de sérieux ; l'armée russe conserve ses positions. Il ne reste plus qu'à mentionner l'heureux combat de cavalerie de Kanghil livré par le général d'Allonville, la prise de Kinburn par le général Bazaine et celle de Kars en Arménie par le général russe Mourawief.

Après les rigueurs du froid exceptionnel de l'hiver 1855-56, aggravées par les ravages du scorbut et du typhus, les préliminaires de paix sont signés à Vienne, à la satisfaction de tous, excepté du gouvernement anglais.

Les Français avaient perdu dans cette guerre mémorable plus de 96,000 hommes, dont 20,000 seulement par le feu.

TRAITÉ DE PARIS (30 mai 1856). — Par le traité de Paris, signé par la France, l'Angleterre, l'Autriche, la Prusse, la Russie, la Sardaigne et la Turquie, la Turquie est placée sous la garantie générale des puissances européennes, la mer Noire est neutralisée et ouverte au commerce libre, les principautés danubiennes restent sous la suzeraineté de la Porte. Une déclaration complémentaire règle les questions relatives à la course maritime, aux droits des neutres et aux blocus.

CHAPITRE XXIV.

Campagne de 1859 en Italie (traité de Zurich).

CAUSES DE LA GUERRE. — La campagne d'Italie en 1859 est un des principaux incidents de la question italienne comprimée en 1849 par l'écrasement des Piémontais à Novare et toujours renaissante. Le gouvernement de la République française, sous la présidence du prince Louis-Napoléon, intervenant à son tour, avait renversé la République romaine et rétabli l'autorité du Pape. Cependant le parti révolutionnaire avait relevé la tête et le roi de Sardaigne, Victor-Emmanuel II, avait pris la direction du mouvement. Ce prince avait fondé certaines espérances sur sa participation à la guerre de Crimée et sur l'amitié de la France et de l'Angleterre. Au congrès de Paris, son habile ministre, le comte de Cavour, avait présenté les doléances de son gouvernement. La question avait été ajournée : elle n'en était pas moins menaçante entre le Piémont d'un côté et l'Autriche de l'autre. Celle-ci, maîtresse du royaume lombard-vénitien, étendait son influence sur le grand-duché de Toscane, sur les duchés de Parme et de Modène, dont les souverains lui étaient dévoués et acceptaient l'occupation autrichienne. Il y avait également des Autrichiens dans les légations qui faisaient partie des États de l'Église, tandis que les Français tenaient garnison dans Rome. Enfin, le roi de Naples entretenait l'agitation parmi ses sujets par une politique maladroite et rigoureuse. Le comte de Cavour sut habilement profiter de cette situation anormale, pour faire la grandeur du Piémont et préparer l'unité italienne. Il sut dans les entretiens de Plombières s'assurer l'alliance intime du gouvernement français, et l'Autriche, sentant sa domination en Italie menacée, précipita la crise.

PRÉLIMINAIRES. — Le 1er janvier 1859, l'empereur Napoléon III accueillait le baron de Hubner, ambassadeur d'Autriche, par ces paroles : « Je regrette que nos relations avec votre gouvernement ne soient pas aussi bonnes que par le passé. » En réponse aux armements de l'Autriche, le Piémont, de son côté, se déclarait « prêt à marcher résolûment au devant des éventualités de l'avenir ». Cette confiance était inspirée par les engagements pris par l'Empereur avec le comte de Cavour, alliance qui venait d'être resserrée encore par le mariage de la princesse Clotilde de Savoie avec le prince Napoléon.

Dès le mois de mars, le Piémont et l'Autriche mobilisent leurs troupes. Celle-ci, le 23 avril, coupant court à des négociations inutiles, adresse au comte de Cavour un ultimatum par lequel elle accorde trois jours au gouvernement de Sardaigne pour faire savoir s'il consent ou non à ramener son armée au pied de paix.

Composition des armées. — Sur le refus du Piémont, le feldzeugmestre Gyulai, commandant en chef la 2e armée autrichienne, passe le Tessin (29 avril) et s'établit dans le *carré stratégique* de Mortara, quadrilatère formé par le Tessin, le Pô et la Sésia, disposé sur deux lignes, faisant face au sud et à l'ouest avec une réserve. Cette armée comprend cinq corps et une division de cavalerie de réserve, donnant un effectif de plus de 100,000 combattants.

L'armée sarde commandée, sous le nom du roi Victor-Emmanuel II, par le général La Marmora, compte cinq divisions d'infanterie, une de cavalerie et la brigade de chasseurs des Alpes (Garibaldi), en tout : 60.0000 hommes.

L'armée française, qui prend le nom d'armée d'Italie, se compose de la garde impériale (général Regnaud de Saint-Jean-d'Angely), et de cinq corps : 1er corps (3 divisions d'infanterie, 1 de cavalerie), maréchal Baraguey d'Hilliers ; 2e corps (2 divisions d'infanterie, 1 brigade de cavalerie), général de Mac-Mahon ; 3e corps (3 divisions d'infanterie, 1 de cavalerie), maréchal Canrobert ; 4e corps (3 divisions d'infanterie, 1 brigade de cavalerie), général Niel ; 5e corps (2 divisions d'infanterie, 1 brigade de cavalerie), prince Napoléon, total : 116,000 hommes et 312 pièces de canon. A l'intérieur, le maréchal de Castellane à Lyon, le maréchal Magnan à Paris, le maréchal Pélissier, commandant l'armée d'observation, disposent chacun de 4 divisions.

Les troupes françaises entrent en Italie : les 3e et 4e corps, sous le commandement du maréchal Canrobert, en franchissant le mont Cenis, et arrivent par Suze à Turin ; les 1er et 2e corps, sous la direction du maréchal Baraguey d'Hilliers, par la voie de mer, et débarquent à Gênes, se dirigeant sur Alexandrie.

Les Piémontais avaient pris position derrière la Doria Baltea, pour défendre Turin. Le maréchal Canrobert, qui a devancé l'armée, par une résolution hardie les reporte le long de la rive droite du Pô, de Casale à Alexandrie, s'appuyant à ces deux places, leur front couvert par le fleuve et relié par un chemin de fer.

Après quelques essais d'offensive, particulièrement dans la direction de Verceil à Casale, le comte Gyulai, alarmé par la vue de quelques pantalons rouges et craignant pour sa base d'opérations, se résout à rester sur la défensive.

Le 12 mai, l'empereur Napoléon débarque à Gênes et prend le commandement en chef de l'armée alliée, forte de 188,000 hommes. Il la trouve disséminée sur une ligne immense, de Voghera aux environs de Verceil en passant par Valenza et Casale. Il prescrit aussitôt une concentration.

Quant à Gyulai, persuadé que les Français descendent la rive droite du Pô et marchent sur Plaisance, il renforce sa gauche et ordonne une forte reconnaissance sur Voghera.

Montebello (20 mai). — Malgré l'infériorité des forces dont il dispose (8,000 hommes contre 20,000), le général Forey prend résolûment l'offensive à Montebello et rejette sur Stradella le général Stadion avec perte de 1,300 hommes.

Pour confirmer Gyulai dans son erreur, l'Empereur concentre les corps français sur l'aile droite dans les emplacements suivants : 1er corps, Montebello ; 2e, Voghera ; 3e, Pontecurone ; 4e, Valenza ; la garde, Alexandrie. Alors, au moyen des routes et du chemin de fer, il fait exécuter, du 28 au 31 mai, une marche de flanc par la gauche de manière à déborder la droite autrichienne et à la devancer au passage du Tessin.

L'armée sarde facilite le mouvement en passant la Sésia et en attaquant les Autrichiens à Palestro (30 mai). Le lendemain, retour offensif de l'ennemi ; les Piémontais, aidés de troupes du 3e corps, livrent le deuxième combat de Palestro. Ces deux journées coûtent 2,300 hommes aux Autrichiens.

L'armée française continue le mouvement tournant. Le 4e corps occupe Novare, ainsi que le 2e ; le 1er corps est à Verceil, le 3e et l'armée du roi à Palestro.

Le 2 juin, le général Gyulai, comprenant qu'il est tourné, prescrit à ses corps de repasser en toute hâte le Tessin et envoie l'ordre au général Urban de quitter Varese et de venir former l'extrême droite de l'armée autrichienne.

Le général Garibaldi avec les chasseurs des Alpes devait se porter sur Biella et inquiéter l'aile droite des Autrichiens. Vainqueur à Varese, il pousse jusqu'à Côme, quand il apprend que le général Urban est rentré à Varese. Il ne reste plus à Garibaldi d'autre ressource que de se jeter en Suisse, quand le rappel de son adversaire lui ouvre de nouveau la route de Côme.

La 1re armée autrichienne, composée de trois corps d'armée et d'une division de cavalerie, sous les ordres du comte Wimpffen, vient d'arriver sur le théâtre de la guerre. Un corps d'armée doit servir de réserve générale. Jusqu'à l'arrivée de l'empereur François-Joseph, le comte Gyulai conserve la conduite des opérations. Concentrant une partie de ses corps vers Magenta, son dessein est de défendre le Tessin en tombant sur le flanc droit des Français pendant leur marche.

Le 2 juin, une division (Camou) de la garde a pris pied à Turbigo sur la rive gauche du Tessin. L'Empereur veut avoir un second point de passage à San Martino ; en conséquence, il prescrit à la division Mellinet de la garde de se diriger par Trecate sur ce village, et, tout en maintenant le gros de ses forces à Novare, ordonne au 2e corps de se porter à Turbigo.

Pour dégager le débouché du pont de Turbigo, le général de Mac-Mahon livre le combat de Robecchetto (3 juin) contre des troupes du 1er corps autrichien (Clam-Gallas), pendant que le reste de l'armée de Gyulai achève de repasser le Tessin.

Magenta (4 juin). — Le 4 juin a lieu la bataille de Magenta, à laquelle personne ne s'attendait. Les Français ne peuvent amener sur le terrain que 48,000 hommes : le 4e corps a encombré la route de ses convois. Heureusement, et pour des raisons semblables, les Autrichiens n'engagent que 62,000 combattants.

Pendant que Mac-Mahon se dirige sur Magenta, la division de La Motterouge à droite par le chemin de Buffalora, suivie par les voltigeurs de la garde, la division Espinasse à gauche par celle de Marcello, les grenadiers de la division Mellinet se portent sur Ponte Nuovo di Magenta et l'enlèvent. La redoute qui couvre le pont du chemin de fer et Ponte Vecchio sont également pris ; repris par les Autrichiens et disputés avec acharnement, les Français n'en restent définitivement maîtres qu'à

8 heures du soir, après l'entrée en ligne successive des divisions Vinoy du 4e corps et Renault du 3e. A la même heure, les deux divisions de Mac-Mahon s'emparent de Magenta, après une énergique résistance. Ces deux actions séparées coûtent plus de 5,000 hommes aux Français et aux Autrichiens plus de 10,000.

Le 7 juin, Mac-Mahon, devenu maréchal et duc de Magenta, fait son entrée à Milan à la tête du 2e corps ; le lendemain, les deux souverains y entrent à leur tour.

MELEGNANO (8 juin). — L'armée autrichienne s'était retirée derrière l'Adda, sous la protection du 8e corps. Le 8 juin, une division de ce corps soutient à Melegnano un violent combat contre l'attaque de front du maréchal Baraguey d'Hilliers appuyé par le 2e corps français qui menace sa ligne de retraite.

Les Autrichiens passent successivement l'Oglio et la Chiese, derrière laquelle Gyulai veut attendre de nouveau l'attaque des alliés. Mais l'empereur François-Joseph, qui a pris le commandement, réorganise les deux armées, qui ont pour chefs le comte Wimpffen et le comte Schlik, et les ramène derrière le Mincio (21 juin) dont elles occupent tout le cours de Peschiera à Mantoue.

A notre droite, le 5e corps (prince Napoléon), moins la division d'Autemarre détachée au 1er corps, est entré à Florence. Après la bataille de Magenta, qui amène l'évacuation des Duchés et des Légations par les Autrichiens, le prince Napoléon se met en mouvement, entre à Parme le 25 juin, et le 4 juillet rejoint l'armée à Goïto.

Quant à Garibaldi, de Bergame il s'est porté sur Brescia, y devançant l'armée alliée. Attaqué et battu près de cette ville, il est heureusement dégagé par la division Cialdini qui oblige le général Urban à la retraite.

Le 23, juin, l'armée alliée occupe la ligne Lonato-Castiglione-Carpenedolo-Mezzano ; l'armée autrichienne, qui a franchi le Mincio pou. reprendre résolûment l'offensive, se trouve concentrée le soir entre Pozzolengo et Medole sur une étendue d'environ 12 kilomètres : elle reçoit l'ordre de se porter vers Carpenedolo. De son côté, l'empereur Napoléon fixe comme points d'arrivée aux différents corps Pozzolengo, Solferino, Cavriana, Guidizzolo et Medole. Les deux armées doivent donc se rencontrer dans ces deux marches inverses ; mais les Français, partant plus tôt, vont trouver les Autrichiens sur leurs positions de la veille.

Solferino (24 juin). — C'est dans ces conditions que s'engage (24 juin) la bataille de Solferino entre 164,000 Autrichiens et 136,000 Français. A gauche, les Sardes ont pour objectif Pozzolengo ; au centre, les 1er, 2e corps et la garde se portent à l'attaque des hauteurs de Solferino-Cavriana : à droite, les 4e et 3e corps combattent dans la plaine de Medole. Les divisions de cavalerie Desvaux et Partouneaux garnissent l'intervalle qui sépare le 2e corps du 4e, lequel s'empare du village de Medole ; de là, il marche sur Rebecco dans la direction de Guidizzolo ; mais, ayant à lutter contre des forces très supérieures, il demande des secours au 3e corps, qui a enlevé Castel Goffredo à l'extrême droite. Au centre, le 1er corps et les voltigeurs n'emportent Solferino, au prix des plus grands efforts, qu'après que l'artillerie a canonné les murs du cimetière et du village. La garde et le 2e corps s'emparent ensuite du mont Fontana et de Cavriana ; Guidizzolo va être enlevé par les 4e et 3e corps. L'empereur François-Joseph ordonne la retraite, qui est favorisée par un violent orage. Les Autrichiens avaient perdu 23,000 hommes et les alliés 17,000.

L'armée autrichienne se retire sans être poursuivie et se réorganise derrière le Mincio ; puis, abandonnant le quadrilatère, elle va prendre position sur la rive gauche de l'Adige, entre Vérone et Legnago.

Le 1er juillet, l'armée française est entre le Mincio et l'Adige et s'établit de Castelnuovo à Custozza. Peschiera va être assiégé ; on doit tenter une attaque sur Vérone, pendant qu'une flotte agira dans l'Adriatique contre Venise, quand on apprend qu'un armistice a été signé entre la France et l'Autriche sur la proposition de l'empereur Napoléon (8 juillet).

Par le traité de Villafranca conclu quelques jours après (12 juillet), l'empereur d'Autriche cède la Lombardie, à l'exception de Mantoue et de Peschiera, à l'empereur des Français qui la remet au roi de Sardaigne.

Napoléon III, qui a appris que la Prusse est prête à réunir sur le Rhin une armée de 250,000 hommes, ne veut pas se lancer dans une guerre européenne. La paix définitive est signée à Zurich (10 novembre 1859).

Un corps d'occupation, fort de cinq divisions d'infanterie, de deux brigades de cavalerie et placé sous les ordres du maréchal Vaillant, demeure en Italie jusqu'en mai 1860; le 16 juin, l'évacuation est terminée.

En compensation des agrandissements du Piémont, qui annexe la Toscane, Parme, Modène, la Romagne, la France reçoit la Savoie et le comté de Nice et cette cession est ratifiée par le vote unanime des populations.

Les succès si rapides de cette campagne étaient dus aux qualités brillantes du soldat français plutôt qu'aux nouveaux canons rayés; ils avaient mis en relief la supériorité de l'offensive sur la défensive.

CHAPITRE XXV.

Campagnes de Chine et du Mexique.

CAMPAGNE DE CHINE (1860).

Différents traités avaient assuré aux Anglais d'abord, puis aux Français et aux Américains, le droit d'entrée dans les cinq grands ports chinois de Canton, Shanghaï, Foutcheou, Amoï et Ningpo. Les Français avaient de plus obtenu la liberté pour les chrétiens d'exercer leur culte. La mauvaise foi du gouvernement chinois, qui ne cherche qu'à éluder l'exécution de ses promesses, amène les expéditions de 1857 et 1858, faites en commun par les Français et les Anglais, qui s'emparent de Canton, des forts du Peïho, et signent enfin les traités de Tientsin. Mais lorsque les plénipotentiaires des puissances alliées veulent se mettre en route pour Pékin, ils trouvent l'entrée du Peïho barrée et solidement défendue ; l'escadre qui les porte se retire après avoir éprouvé des pertes sensibles. Une nouvelle expédition est décidée.

Le général Cousin-Montauban, pour la France, est nommé commandant en chef des forces de terre et de mer. Les troupes, d'un effectif total d'environ 7,500 hommes, sont formées en deux brigades sous les ordres des généraux Jamin et Collineau. Pendant que le corps expéditionnaire, parti de Toulon, prend la route du Cap, le général Montauban, passant par le canal de Suez, débarque à Shanghaï et consacre tous ses soins à une préparation de la campagne habile et prévoyante. Malheureusement, le commandement se trouve divisé, par suite de l'envoi de l'amiral Charner, placé à la tête des forces navales.

Le corps expéditionnaire anglais, commandé par sir Hope Grant, comprend deux divisions d'infanterie avec leur artillerie et une brigade de cavalerie — total : 12,500 hommes. Il vient s'établir au nord du golfe du Petcheli. Les Français débarquent au sud et s'y installent. Les alliés doivent opérer, les uns sur la rive gauche, les autres sur la rive droite du Peïho.

Renonçant bientôt à ce dessein, les deux corps alliés se réunissent, viennent de nouveau débarquer à l'embouchure de la rivière de Pehtang et occupent la ville de ce nom. Ils s'emparent des ouvrages de Sinko, du camp retranché de Tangko; la journée du 21 août fait tomber entre leurs mains les forts et camps retranchés de Takou à l'embouchure du Peïho. La ville de Tientsin est occupée sans combat et voit dans ses murs la marine des deux nations. Reste à marcher sur Pékin, c'est-à-dire à parcourir environ trente lieues à travers un pays inconnu. Les Anglais partent sur deux colonnes fortes de 3,000 hommes; la colonne française est un peu inférieure en nombre. Les Chinois essaient d'arrêter la marche des alliés avec deux armées d'environ 30,000 hommes chacune; ils sont battus dans les combats de Tchang-Kia-ouang et de Palikao (18 et 21 septembre).

Le 5 octobre, 8,000 Français et Anglais bivouaquent aux portes de Pékin. L'Empereur est en fuite vers la Tartarie. C'est alors qu'a lieu l'incident du pillage du palais d'Été.

Le 13, une des portes de la ville est livrée aux troupes alliées, qui revoient ceux qui survivent de leurs malheureux camarades faits prisonniers par trahison.

Par les traités, signés les 24 et 25 octobre, par le prince Kong, frère de l'Empereur, 60 millions d'indemnité sont donnés à la France et l'on rend aux chrétiens de l'empire, avec leurs établissements religieux, la liberté du culte catholique.

Le 14 novembre, l'armée tout entière est réunie à Tientsin; un mois plus tard, les Français arrivent à Shanghaï, d'où part, à la fin de janvier 1861, la partie du corps expéditionnaire qui n'est pas maintenue en Chine ou mise à la disposition de l'amiral Charner en Cochinchine.

Cette expédition, habilement préparée et menée avec un heureux mélange de prudence et d'audace, n'avait pas duré trois mois et avait réussi aussi complètement que possible. Le mérite en revenait au nouveau comte de Palikao.

CAMPAGNE DU MEXIQUE (1861-1867).

Depuis sa lutte pour l'indépendance, le Mexique, organisé en République fédérative, était constamment agité par des révolutions qui portaient atteinte aux personnes et aux propriétés. Le gouvernement de Louis-Philippe, qui avait voulu tirer de ces injures une éclatante satisfaction, s'était vu réduit à l'impuissance, malgré la prise de Saint-Jean-d'Ulloa. La guerre civile n'avait fait que redoubler au Mexique, les violences faites aux étrangers que s'accroître.

Intervention au Mexique. — A la fin de 1860, de nouvelles difficultés politiques et financières, survenues entre le gouvernement mexicain d'une part, la France, l'Angleterre et l'Espagne d'autre part, amènent une intervention armée de ces trois puissances. Un corps expéditionnaire espagnol, sous le commandement du maréchal Prim, est débarqué à Vera-Cruz, et suivi peu de temps après par un détachement français, composé d'un bataillon de zouaves et de quelques compagnies d'infanterie de marine. L'Angleterre n'envoie qu'une flotte. Les représentants des puissances alliées, le général Prim, le commodore Dunlop, l'amiral Jurien de La Gravière et M. de Saligny, ministre de France à Mexico, entrent en négociations avec le président Juarez pour obtenir de son gouvernement les satisfactions auxquels on prétend. En attendant un accord difficile à établir, par la convention de la Soledad (19 février 1862), les troupes alliées sont autorisées à aller occuper des cantonnements salubres, les Espagnols à Orizaba, les Français à Tehuacan, au delà des Cumbres, sous la réserve qu'ils rétrograderont de l'autre côté du Chiquihuite en cas de rupture des négociations. Peu de temps après, les divergences qui existent dans la politique des trois nations amènent la dissolution de leur alliance.

Expédition du général de Lorencez. — Les troupes espagnoles quittent le Mexique. Le général de Lorencez, amenant une brigade de renfort, est venu prendre le commandement du corps expéditionnaire français. La guerre est définitivement déclarée (16 avril). Le détachement de Tehuacan commence son mouvement rétrograde, mais il ne le poursuit pas jusqu'aux Terres-Chaudes, le général de Lorencez ayant décidé qu'on se porterait sur Orizaba. Les Cumbres sont franchies de nouveau après un brillant combat et l'on marche sur Puebla, ville ouverte, mais dominée par les fortifications du Cerro de Guadalupe devant lesquelles vient se briser, le 5 mai 1862, l'effort des troupes françaises comptant moins de 6,000 hommes. Elles doivent se retirer à Orizaba où elles s'établissent pendant la saison des pluies, en attendant l'envoi des renforts demandés. La difficulté des communications avec Vera-Cruz rend très pénible la situation du petit corps expéditionnaire qui, assiégé par le général Zaragoza, est dégagé par l'audacieux coup de main du Cerro Borrego.

Commandement du général Forey. — Au mois de septembre 1862, commencent à arriver les nouveaux régiments destinés à former les deux divisions Bazaine et F. Douay, sous le commandement en chef du général Forey. L'effectif général est alors de 28,000 hommes. Ces corps s'acheminent sur Jalapa et sur Orizaba et achèvent de s'y organiser. Au mois de mars 1863, la marche en avant est reprise et le siège mis devant Puebla, que le général Ortega a habilement transformé en place de premier ordre.

Prise de Puebla (16 mai 1862). — Après le combat de San Lorenzo (8 mai) livré par le général Bazaine à l'ancien président Comonfort, tout espoir de secours étant perdu, le général Ortega rend le 16 mai la ville qu'il a énergiquement défendue. Quelques semaines après, Mexico est occupé sans coup férir.

Maximilien empereur. — Un gouvernement provisoire est installé, et, sous l'influence française, l'archiduc Maximilien est appelé au trône impérial du Mexique.

Commandement du maréchal Bazaine. — Le 1er octobre, le maréchal Forey, rappelé en France, remet le commandement en chef au général Bazaine, que remplace à la tête de sa division le général de Castagny. L'armée va bientôt atteindre le chiffre de 35,000 hommes, auxquels il convient d'ajouter 20,000 soldats de troupes mexicaines. Elle reçoit l'ordre de se porter dans l'intérieur, pour faire reconnaitre le nouvel ordre de choses. Une portion des troupes françaises se porte sur Guadalajara, la deuxième ville du Mexique, par les deux routes de Queretaro et de Morelia ; d'autres colonnes sont envoyées au nord à San Luis Potosi et à Zacatecas. Juarez a reculé jusqu'à Monterey.

L'empereur Maximilien étant arrivé au Mexique, on cherche à ruiner l'influence de l'ancien président et à le forcer à passer aux États-Unis. Le général Bazaine est devenu maréchal de France (5 septembre 1864). La flotte assure l'occupation de la plupart des ports du golfe du Mexique, mais les faibles détachements qu'on y laisse sont bloqués de près par les guérillas ennemies. Sur le Pacifique, les conditions sont les mêmes. Dans le nord, une colonne est dirigée de San Luis sur Monterey, une autre de Zacatecas sur Durango. Les troupes de Juarez ayant été battues près de Durango par une petite colonne d'un effectif dix fois moindre, le président se réfugie à Chihuahua. On occupe alors sur le Pacifique les ports de Mazatlan et de Guaymas de Sonora pour lui en interdire l'accès ; et, quelque temps après, une colonne légère est envoyée à Chihuahua. Juarez se retire à Paso del Norte et revient bientôt à Chihuahua, après le départ de nos troupes. Une deuxième expédition le force à retourner à Paso, mais il ne quitte pas le territoire mexicain et va rentrer encore à Chihuahua.

Prise d'Oajaca. — Vers la même époque (janvier 1865), un centre assez sérieux de résistance s'étant constitué à Oajaca, importante ville à une centaine de lieues au sud de Puebla, le maréchal Bazaine prend le commandement d'une petite colonne, met le siège devant cette place et en fait toute la garnison prisonnière.

Le corps expéditionnaire est alors réparti sur une immense étendue de pays. Plus de 600 lieues séparent Chihuahua d'Oajaca.

Évacuation du Mexique. — A partir de ce moment, l'armée restreint peu à peu son cercle d'occupation ; l'effectif en est diminué successivement. L'évacuation du Mexique est résolue en principe dès le commencement de 1866 ; les événements politiques vont la hâter. Les opérations autour de Matamoros avaient en effet mis en évidence le mauvais vouloir des Américains à notre égard : leur diplomatie va être encore plus dure à l'égard de la France. Toutes les troupes françaises sont ramenées par échelons sur Mexico, puis dirigées sur Vera-Cruz, où leur embarquement est terminé au mois de mars 1867.

Peu de temps après, l'édifice précaire fondé par les Français s'écroule. Le malheureux empereur Maximilien, bloqué dans Queretaro et pris par trahison, tombe le 19 juin, avec les généraux Miramon et Mejia, sous les balles des soldats de Juarez.

Cette campagne, brillante au point de vue militaire et qui a duré cinq ans, avait coûté 7,000 hommes environ à l'armée française.

CHAPITRE XXVI.

Guerre de 1866. — Hostilités entre l'Autriche et la Prusse. — Opérations dans l'Allemagne centrale. — Campagne de Bohême. — Campagne du Mein.

Causes de la guerre. — La guerre de 1866 a été amenée par la rivalité séculaire de l'Autriche et de la Prusse en Allemagne : « nécessité historique », a dit le général de Moltke, que mit à jour la question des duchés de l'Elbe.

La guerre contre le Danemarck avait été entreprise au nom de la nationalité allemande et avait amené la conquête des duchés de Schleswig, de Holstein et de Lauenbourg. Par la convention de Gastein, l'administration du Holstein est confiée à l'Autriche; la Prusse s'est fait attribuer le Schleswig ; dès lors, elle dissimule à peine son intention d'annexion pure et simple des duchés enlevés au roi Christian IX. La mystérieuse entrevue de Biarritz, qui forme le pendant de celle de Plombières, facilite la tâche de son premier ministre, le comte de Bismarck. Le roi Guillaume Ier prononce la clôture des deux Chambres du Parlement, dont l'opposition le gêne, et il fait alliance avec l'Italie.

Quant à l'Autriche, repoussant l'idée d'un congrès européen suggérée par la France, elle ordonne au général de Gablenz, gouverneur du Holstein, de convoquer les États de cette province, pour recevoir les vœux du pays sur son sort à venir. En vain, les députés acclament la souveraineté du duc d'Augustenbourg. Le général prussien de Manteuffel entre dans le Holstein et force les Autrichiens à se retirer (11 juin 1866).

Le 14, sur la proposition de l'Autriche, la Diète de Francfort vote l'exécution fédérale contre la Prusse : la guerre commence immédiatement.

L'empereur Napoléon III avait déclaré que la situation géographique de la Prusse était mal délimitée, que le vœu de l'Allemagne demandait une reconstitution politique plus conforme à ses besoins généraux, qu'il y avait nécessité pour l'Italie d'assurer son indépendance nationale, et que, pour son compte, il était décidé à rester dans une neutralité attentive.

La lutte va donc s'engager entre la Prusse avec les petits États de l'Allemagne du Nord et l'Italie d'une part, l'Autriche et la plupart des États de la Confédération (Hanovre, Hesse, Wurtemberg, Bade, Bavière, Saxe) d'autre part.

Composition des Armées. — L'Autriche met sur pied deux grandes armées : l'armée du Nord, sous le commandement du feldzeugmestre Benedek, comprend sept corps d'armée et cinq divisions de cavalerie — total : 250,000 combattants, répartis sur une ligne qui va de Cracovie à la rive gauche de l'Elbe ; l'armée du Sud ou d'Italie, sous les ordres de l'archiduc Albert, compte 140,000 combattants.

A ces forces il convient d'ajouter la petite armée hanovrienne et les 7e et 8e corps fédéraux qui doivent agir dans l'Allemagne occidentale.

L'armée prussienne forme également deux masses distinctes. La première est placée sous les ordres du général Vogel de Falkenstein : elle opère d'abord contre le Hanovre ; elle prend ensuite le nom d'armée du Mein et est forte de 50,000 hommes.

L'armée principale, que doit commander le roi, est subdivisée elle-même en trois groupes : l'armée de l'Elbe, commandée par le général Herwarth de Bittenfeld, occupe l'aile droite entre Halle et Torgau et comprend trois divisions d'infanterie et deux brigades de cavalerie ; la 1re armée comprend quatre divisions d'infanterie, un corps d'armée et un corps de cavalerie et tient le centre entre Hoyerswerda et Gœrlitz, sous le commandement du prince Frédéric-Charles ; à l'aile gauche, en Silésie, la 2e armée, sous les ordres du prince royal, compte quatre corps d'armée, dont la garde, et une division de cavalerie. L'effectif de l'armée du roi est de 256,000 hommes. En outre, un corps de réserve est à Berlin avec le général de Mülbe.

Quant à l'armée italienne, elle est forte de plus de 200,000 hommes.

Opérations dans l'Allemagne centrale

Le 15 juin, la Prusse, prenant l'offensive avec vigueur et résolution, somme le Hanovre, la Hesse électorale et la Saxe de garder la neutralité.

Occupation de la Hesse électorale. — Le 16, la division de Beyer, qui occupe l'enclave prussienne de Wetzlar, envahit la Hesse et entre le 19 à Cassel abandonné par la division hessoise, qui précisément le même jour fait sa jonction à Hanau avec le 8e corps fédéral.

Opérations contre le Hanovre. — Le Hanovre est envahi de tous les côtés à la fois : au nord, par la division de Manteuffel venant du Holstein ; à l'ouest, par la division de Gœben venant de Minden avec le général de Falckenstein : au sud-ouest, par la division de Beyer après son occupation de la Hesse ; au sud-est et à l'est, par des garnisons prussiennes et des troupes envoyées de Berlin. L'ensemble de ces troupes présente bientôt un effectif de 50,000 hommes.

Les Hanovriens, au nombre d'environ 19,000, battent en retraite, abandonnent Hanovre au général de Falckenstein, et reculent jusqu'à Gœttingue dans l'intention de s'y organiser et de marcher ensuite sur Gotha, pour se joindre aux Bavarois. Malheureusement le roi Georges perd un temps précieux à parlementer avec ses ennemis, dont le cercle se resserre. Bientôt il n'est plus temps de percer. Attaqué à Langensalza par le général de Flies (27 juin), il bat complètement les Prussiens ; mais, entouré par plus de 40,000 hommes, il capitule le 29 juin.

Occupation de la Saxe. — Le 16 également, l'armée de l'Elbe, partie de Torgau, entre en Saxe sur trois colonnes et occupe Dresde, pendant qu'une partie de la Première armée pénètre par l'est. L'armée saxonne, forte d'environ 25,000 hommes et commandée par le prince royal, ne peut que battre en retraite et va se joindre au 1er corps autrichien sur l'Iser en Bohême.

CAMPAGNE EN BOHÊME.

L'armée de l'Elbe est passée sous le commandement supérieur du prince Frédéric-Charles et le 1er corps de réserve est venu occuper la Saxe. Le 22 juin, résolu à l'offensive, le roi de Prusse prescrit que les deux armées entreront en Bohême et prendront leurs mesures pour se concentrer dans la direction de Gitschin.

A l'aile droite, l'armée de l'Elbe, partant de Neustadt, doit franchir les monts de Lusace au défilé de Rumbourg et par Gabel se diriger vers Munchengrætz sur l'Iser.

Au centre, la Première armée a à passer les défilés qui aboutissent à Reichenberg et de là conduisent à Turnau sur l'Iser.

A l'aile gauche, la Deuxième armée est destinée à déboucher des Riesen-Gebirge sur Kœniginhof.

Les Prussiens sont donc disposés sur un arc de cercle de plus de 140 kilomètres et leurs armées, fort éloignées les unes des autres et séparées par des obstacles infranchissables, ont à s'engager dans de longs défilés, puis à déboucher devant des forces ennemies considérables.

La plus grande partie de l'armée autrichienne avait été rassemblée en Moravie, à Olmutz et à Brunn. Le 16 juin, le feldzeugmestre Benedek ordonne un mouvement de concentration sur le plateau de Kœniginhof et prescrit au général Clam-Galles d'arrêter avec 60,000 hommes l'ennemi qui va déboucher par les routes de Gabel et de Reichenberg, c'est-à-dire 140,000 hommes. Lui-même se réserve le soin de s'opposer au débouché du prince royal.

Marche de l'armée de l'Elbe et de la première armée. — Le 23 juin, l'armée de l'Elbe et la Première armée franchissent la frontière.

L'armée de l'Elbe suit l'itinéraire qui lui a été assigné, et, après avoir livré le 26 juin à *Huhnerwasser* un combat d'avant-garde, arrive devant Munchengraetz, où elle fait sa jonction avec le prince Frédéric-Charles.

La Première armée part de Gœrlitz et de Zittau et arrive à Reichenberg. Elle livre le 25 le combat de *Liebenau*, surprend le passage de l'Iser à Turnau et, dans la nuit du 26 au 27, enlève *Podol* après une vive résistance. Les Autrichiens se concentrent à *Munchengraetz*. L'armée de l'Elbe les attaque de front, pendant que la Première armée opère sur leur flanc droit (28 juin). Clam Gallas se replie sur Gitschin, laissant au défilé de *Podkost* une arrière-garde, qui est défaite dans un combat de nuit. Les Prussiens attaquent la position de *Gitschin* (29 juin) par les deux routes de Turnau et de Munchengraetz. Ne pouvant l'emporter de front, ils cherchent à la déborder; mais leurs deux colonnes isolées, ne pouvant ni se prêter un mutuel appui, ni progresser faute de réserves, demeurent impuissantes, quand la retraite des Autrichiens leur livre Gitschin. Au lieu des renforts produits, Clam-Gallas a reçu du général en chef l'ordre de se retirer vers Josephstadt. Les Autrichiens ont perdu 5,500 hommes et les Prussiens 1,500. Le prince Frédéric-Charles entre en communication avec la Deuxième armée.

MARCHE DE LA DEUXIÈME ARMÉE. — Le 26 seulement, le prince royal, dont la situation paraît la plus compromise, pénètre sur le territoire ennemi par les trois routes de Trautenau, de Braunau et de Nachod : à droite le 1er corps, au centre la garde et la division de cavalerie ; à gauche, les 5e et 6e corps. Benedek, tout entier à la réalisation de son plan de concentration sur la rive droite de l'Elbe, s'occupe médiocrement de les empêcher de déboucher. Le long de la frontière des Riesen-Gebirge, en première ligne sont les 10e et 6e corps autrichiens au sud de Trautenau et de Nachod ; en deuxième ligne, le 4e corps vers Kœniginhof, le 3e vers Miletin, les 8e et 11e corps vers Josephstadt et Kœniggrætz.

Le 27 juin, à l'aile droite, l'avant-garde du 1er corps prussien (général de Bonin) vient se heurter à *Trautenau* contre une brigade du 10e corps autrichien, la déloge, et, croyant tenir la victoire, refuse le concours d'une division de la garde. Mais le général de Gablenz reprend vigoureusement l'offensive, bat les Prussiens et les rejette sur la route de Liebau.

Au centre, la garde est arrivée à Eipel et à Kosteletz. Le prince de Wurtemberg franchit l'Aupa pour réparer l'échec du 1er corps, tombe dans le flanc du 10e corps qui se croit soutenu, le repousse au combat de *Soor* ou de Neu-Rognitz et reprend Trautenau (28 juin). Le lendemain, le combat de *Kœniginhof* livre à la garde prussienne les ponts de l'Elbe.

A gauche, le commandant du 5e corps prussien, général de Steinmetz, remporte la victoire de *Nachod* (27 juin) contre le 6e corps autrichien et, le jour suivant, celle de *Skalitz* contre le 8e non soutenu par deux corps voisins. Ces deux affaires coûtent aux Autrichiens 16,000 hommes tués, blessés ou prisonniers. Benedek donne des ordres pour la concentration de son armée entre Miletin et Josephstadt. Le 29, son corps d'arrière-garde, le 4e, est battu à *Schweinchaedel* par Steinmetz, qui opère sa jonction à Gradlitz avec le corps de la garde, également rejoint par le 6e corps qui a suivi les traces du 5e. Quant au 1er corps prussion, il est établi entre Pilnikau et Arnau, au nord de Kœniginhof.

Le 30 juin, l'armée du prince royal est donc réunie sur la rive gauche de l'Elbe.

Du 30 juin au 3 juillet. — Le même jour, Benedek prend la détermination de ramener son armée en arrière vers Kœniggraetz. La plupart des corps autrichiens ont été engagés et ont éprouvé des échecs; ils ont perdu plus de 30,000 hommes, le moral est sérieusement affecté. L'irrésolution de Benedek est à son comble, et, pour achever le désordre, le commandant du 1er corps, le chef d'état-major général et le chef de la chancellerie sont remplacés par ordre du 2 juillet et appelés à Vienne.

Dans les camps prussiens règnent l'enthousiasme et la confiance. Le 2 juillet, le roi Guillaume est arrivé à Gitschin accompagné du général de Moltke, chef d'état-major général, du général de Roon, ministre de la guerre, et du comte de Bismarck, ministre des affaires étrangères. Les armées prussiennes forment un vaste demi-cercle : l'armée de l'Elbe, à Smidar, tient la droite; la Première armée est au centre à Horitz; la Deuxième armée, dont le quartier général est à Kœniginhof, est placée à gauche sur les deux rives de l'Elbe supérieur. On pense dans l'état-major prussien que Benedek s'est retiré derrière l'Elbe, entre Josephstadt et Kœniggraetz, quand, dans l'après-midi du 2 juillet, des reconnaissances apprennent au prince Frédéric-Charles la présence de plusieurs corps autrichiens entre la Bistritz et l'Elbe, sur la position de Sadowa.

Bataille de Sadowa (3 juillet). — Ce n'est que dans la soirée, vers 11 heures, que le général en chef autrichien, sur des rapports annonçant l'arrivée des colonnes prussiennes, donne l'ordre général pour la bataille du lendemain. A cette heure également, dans un conseil de guerre, le Roi, se rangeant à l'opinion du général de Moltke, se décide à attaquer l'ennemi avec toutes ses forces en avant de l'Elbe, sans se préoccuper de savoir si l'on a devant soi l'armée autrichienne tout entière ou seulement une partie considérable de cette armée. La Première armée doit occuper l'ennemi de front et attirer tout son effort sur elle, de manière à faire réussir la double attaque préparée contre les deux flancs des Autrichiens par l'armée de l'Elbe et la Deuxième armée.

La position choisie par Benedek est forte, mais dangereuse en cas de retraite : elle s'étend en effet sur une série d'ondulations s'élevant des bords de l'Elbe et dominant la Bistritz, entre Nechanitz et Benatek à l'ouest et la Trotina au nord. En arrière de Sadowa se trouve la haute colline de Chlum, véritable clef de la position.

D'après les instructions données par le général en chef, six corps d'armée doivent garnir la ligne Nechanitz-Sadowa-Benatek ; deux corps et la plus grande partie de la cavalerie forment la réserve. L'armée autrichienne présente 215,000 combattants.

Les Prussiens lui opposent la Première armée au centre, l'armée de l'Elbe à droite, la Deuxième armée à gauche. Total 221,000 combattants.

L'armée de l'Elbe, la première, passe la Bistrîtz, enlève Nechanitz aux Saxons et s'établit entre Hradek et Lubno.

La Première armée se porte également en avant le long de la Bistritz, s'empare de Sadowa et de Benatek, porte même une division dans le bois de Maslowed, mais ne peut plus progresser.

Il est midi : la situation est critique pour les Prussiens, dont la Deuxième armée n'a pas encore paru. Le feldzeugmestre Benedek, en restant sur la défensive, laisse échapper l'occasion d'écraser l'armée du prince Frédéric-Charles.

Les têtes de colonne de la Deuxième armée paraissent enfin et se déploient sur les hauteurs de Horenowes. Dès lors, tout est changé : les deux corps autrichiens de l'aile droite reçoivent l'ordre de se replier derrière les retranchements entre Chlum et Nedelist.

A 2 h. 1/2, la garde prussienne frappe le coup décisif en s'emparant de Chlum. En vain, Benedek fait d'énergiques retours offensifs : la cavalerie et l'artillerie autrichiennes ne peuvent que se dévouer, pour arrêter pendant quelque temps la poursuite des Prussiens, qui sont, d'ailleurs, dans un très grand désordre.

La retraite s'effectue péniblement sur Kœniggraetz. Les Autrichiens ont perdu 44,000 hommes, dont la moitié prisonniers. La victoire coûte 10,000 hommes aux Prussiens.

Depuis Kœniggraetz jusqu'au Danube. — La journée du 4 est consacrée au repos par l'armée prussienne. L'armée autrichienne se retire sur Olmutz, excepté le 10e corps et presque toute la cavalerie qui sont dirigés directement sur Brunn, pour couvrir Vienne. Ce même jour, l'Autriche cède la Vénétie à l'empereur Napoléon, dont elle accepte la médiation pour arriver à la paix. En même temps, elle fait proposer par le général de Gablenz un armistice au roi de Prusse, qui le refuse. Les traces de l'armée autrichienne ayant été perdues, on se dirige sur Vienne, quand, sur des renseignements dus au hasard, une direction définitive est imprimée aux colonnes. La Deuxième armée, dirigée sur Olmutz, doit chercher à couper les communications des Autrichiens avec Vienne. La Première armée marche sur Brunn, celle du général Herwarth de Bittenfeld sur Znaïm.

Le 13, l'archiduc Albert, nommé commandant en chef de l'armée, ramenant la plus grande partie de l'armée d'Italie, prescrit à Benedek de diriger ses troupes sur Vienne. Ces mouvements donnent lieu le 15 aux combats de Tobitschau et de Rokeinitz. La voie ferrée d'Olmutz à Vienne a été coupée par les Première et Deuxième armées. Mais trois corps autrichiens ont pu gagner directement le sud ; les quatre autres avec Benedek prennent la rive gauche de la March jusqu'à Hradish, traversent les Petits-Carpathes et descendent la vallée du Waag pour arriver à Presbourg.

La Deuxième armée marche en réserve des deux autres armées qui suivent : celle du prince Frédéric-Charles la voie ferrée, l'armée du général Herwarth la route de Hollabrunn. Le 18, le quartier général prussien est à Nikolsbourg. Par l'entremise du gouvernement français, un armistice y est consenti, qui doit durer du 22 au 27 juillet. Avant que la notification en fût parvenue à tous les corps, un brillant combat avait été livré par le général de Fransecky à Blumenau, près de Presbourg. Le 26 juillet, sont signés les préliminaires de la paix et une convention militaire.

Il serait difficile de comprendre les brillants succès des Prussiens dans cette campagne, si l'on ne connaissait leur organisation et leur tactique. Depuis cinq ans, le général de Roon, ministre de la guerre, énergiquement soutenu par le roi, était parvenu à renforcer l'armée active, en diminuant proportionnellement la landwehr. Grâce à une mobilisation bien entendue, la Prusse avait pu mettre à l'œuvre en quatorze jours une armée de plus de 300,000 hommes. L'infanterie et la cavalerie étaient armées du fusil Dreyse, arme à tir rapide. En outre de ces avantages, une grande rapidité de mouvements, jointe à une offensive hardie, assura aux Prussiens une supériorité presque constante sur le champ de bataille.

CAMPAGNE DU MEIN.

L'armée fédérale de l'Allemagne de l'ouest, placée par la Diète sous le commandement du prince Charles de Bavière, est forte, à la date du 1er juillet, de 108,000 hommes et est constituée en deux corps : 7e corps ou armée bavaroise et 8e corps commandé par le prince Alexandre de Hesse.

Avec le 7e corps, le prince Charles s'est avancé jusqu'à Meiningen; mais, à la nouvelle de la capitulation du roi de Hanovre, il se détourne à l'ouest et donne rendez-vous vers Fulde au 8e corps, qui est encore à Francfort-sur-le-Mein.

Le 1er juillet, l'armée du Mein se compose des trois divisions de Gœben, de Beyer et de Manteuffel, et présente un effectif de 53 à 54,000 hommes. Le général de Falckenstein, qui s'est concentré à Eisenach, en part pour suivre la route Fulde-Hanau, se dirigeant sur le 8e corps et ayant sur son flanc gauche le 7e dans la vallée de la Werra.

Opérations au nord du Mein. — Battu (4 juillet) dans les combats de Dermbach par le général de Gœben, le prince Charles de Bavière se dirige vers le sud, renonçant à une jonction que la lenteur du prince Alexandre rend impossible. Celui-ci a résolu de se joindre aux Bavarois par Hanau et Aschaffenbourg. Abandonnés à eux-mêmes, les Bavarois sont défaits (10 juillet) sur la Saale franconienne dans les cinq combats de Hammelbourg, Kissingen, Friedrichshall, Hausen et Waldaschach. Le prince Charles se retire derrière le Mein, à Schweinfurt, suivi dans cette direction par le général de Manteuffel.

Avec ses deux autres divisions, Falckenstein marche sur Francfort. Le 13, le général de Gœben repousse à Laufach les Hessois qui veulent défendre les défilés du Spessbardt. Le lendemain, le comte Neipperg avec une grande partie du 8e corps est également battu à Aschaffenbourg, sans que le prince de Hesse fasse un mouvement pour le secourir. Celui-ci alors bat en retraite vers le sud pour essayer de rejoindre les Bavarois.

Le 16, le général de Falckenstein fait une entrée restée célèbre dans Francfort, qu'il traite brutalement en ville conquise. Cinq jours après, appelé au gouvernement général de la Bohême, il laisse le commandement au général de Manteuffel.

Opérations au sud du Mein. — A cette date, l'armée du Mein compte de 65 à 66,000 hommes, et ses opérations vont être facilitées par l'entrée en Bavière par Bayreuth du 2e corps de réserve placé sous les ordres du grand duc de Mecklembourg-Schwerin.

Le 20 juillet, le prince de Hesse est sur la Tauber, le prince Charles entre Wurzbourg et Wertheim. Le général de Manteuffel a pris l'offensive : le 24, il bat le 8e corps sur la Tauber à Tauberbischofsheim et à Werbach; le 25, il bat de nouveau ce corps à Gersheim, les Bavarois à Helmstadt et le lendemain à Rossbrunn. Le 8e corps se retire sur Wurzbourg et est suivi par le 7e, qui le rejoint sur la rive droite du Mein.

Le 28 juillet, la nouvelle de la signature des préliminaires de paix étant arrivée, le prince Charles et le général de Manteuffel concluent une suspension d'armes, à la suite de laquelle les Prussiens occupent Wurzbourg.

CHAPITRE XXVII.

Guerre de 1866. — Hostilités entre l'Autriche et l'Italie. — Campagnes en Vénétie et dans le Tyrol, campagne sur mer. — Traités de Prague, de Berlin et de Vienne.

CAMPAGNE EN ITALIE.

En 1866, l'Italie prend les armes pour continuer l'œuvre de l'unité nationale et repousser les Autrichiens au delà des Alpes. Le 8 avril, son représentant à Berlin, le général Govone, signe un traité d'alliance offensive et défensive avec la Prusse. Le 20 juin, elle adresse sa déclaration de guerre à l'Autriche.

COMPOSITION DES ARMÉES. — L'armée italienne, dont le roi Victor-Emmanuel s'est réservé le commandement, compte plus de 200,000 hommes de troupes actives régulières et près de 40,000 volontaires sous les ordres de Garibaldi. Elle est organisée en deux grandes masses : l'une, composée des 1er, 2e et 3e corps, se rassemble derrière l'Oglio et est destinée à opérer sur le Mincio et au delà sous le commandement direct du roi, avec le général La Marmora pour chef d'état-major général; l'autre, constituée par le 4e corps, doit agir d'une façon indépendante sous les ordres du général Cialdini et franchir le Pô inférieur vers Ferrare.

L'armée autrichienne du Sud ou armée de Vénétie se compose de trois corps d'armée, les 5e, 7e et 9e, plus une division de réserve d'infanterie, un corps de cavalerie à deux brigades et une brigade mobile, donnant un effectif de 82,000 combattants; en outre, 29,000 hommes formant les garnisons des forteresses. Cette armée est commandée par l'archiduc Albert. Celui-ci, dès le 16 juin, dispose ses troupes de manière à pouvoir répondre aux deux attaques qu'il prévoit : il prend position sur la rive gauche de l'Adige, envoyant d'un côté une brigade aux avant-postes à

Villafranca, de l'autre côté une deuxième brigade au delà de Rovigo.

Le 23, jour fixé pour le commencement des hostilités, l'archiduc Albert, certain que les opérations de Cialdini sur le Pô inférieur seront ralenties par la crue des eaux, se prépare à une offensive rapide et énergique contre l'armée du roi. Il fait traverser l'Adige à toutes ses troupes et les établit sur la ligne Castelnuovo-Somma Campagna, faisant ainsi avancer sa droite pour prendre en flanc l'armée italienne dont il a appris la marche en avant.

Le 22 au soir, l'armée du roi, rapprochée de la frontière, occupe Cavriana, Castelluchio, Gazzoldo; le 23, elle passe le Mincio entre Mozembano et Goïto et s'établit sur les hauteurs de la rive gauche, ignorant le voisinage immédiat de l'ennemi. Elle laisse sur la rive droite une division du 1er corps pour observer Peschiera et deux divisions du 2e corps pour surveiller Mantoue, les deux autres formant la réserve de l'armée.

Bataille de Custozza (24 juin). — Le 24 au matin, l'armée autrichienne achève de s'installer : la division de réserve à Castelnuovo, le 5e corps à San-Giorgio, le 9e à Somma-Campagna, la cavalerie éclairant la gauche vers Villafranca et le 7e corps restant en réserve à Sona. Les ordres donnés par le général La Marmora ont pour but l'occupation des hauteurs de Santa-Giustina, Sona et Somma-Campagna.

Entre six heures et demie et sept heures du matin, les têtes de colonnes des deux armées se rencontrent. A la droite italienne, les divisions prince Humbert et Bixio, du 3e corps, se déploient en avant et à gauche de Villafranca. Les deux brigades de la cavalerie autrichienne s'élancent sur elles, les surprennent, les chargent et les immobilisent pour toute la journée. A la gauche, la division de réserve se retirait devant la division Cerale du 1er corps : trois pelotons de lanciers autrichiens descendent du mont Cricol, se jettent sur la première brigade italienne déployée, la traversent et fondent sur la deuxième brigade en colonne sur la route, qu'ils mettent dans le plus grand désordre ; les Autrichiens s'emparent d'Oliosi et repoussent les Italiens jusqu'au mont Vento. Deux brigades du 9e corps donnent un premier assaut aux hauteurs de Custozza : elles sont repoussées par la division Brignone. Les Autrichiens continuent à progresser à la gauche et au centre ; ils parviennent à Salionze, Monte-Vento et Santa-Lucia, et rejettent les Italiens sur Mozembano et Valeggio. Custozza, tourné par la prise des hauteurs du Belvédère, est enfin enlevé par un vigoureux effort. Les divisions italiennes battent en retraite, inquiétées par la cavalerie autrichienne et repassent le Mincio. Les pertes, de part et d'autre, sont d'environ 8,000 hommes.

Fin de la campagne. — L'armée du roi se retire derrière l'Oglio; Cialdini renonce au passage du Pô et se prépare à couvrir Florence. Quant à l'archiduc, pour affirmer sa victoire, il est passé sur la rive droite du Mincio. Le 4 juillet, apprenant la défaite de Sadowa, il prend ses dispositions pour évacuer la Vénétie, ne laissant derrière lui que le 7e corps avec les garnisons des places fortes.

Les Italiens, refusant d'accepter de la France ce qu'ils auraient voulu conquérir par les armes, recommencent les opérations par une forte canonnade contre la tête de pont de Borgoforte. Le plan de Cialdini a été accepté : pendant que l'armée du roi surveillera ou assiégera les places du quadrilatère, le gros des forces italiennes franchira le Pô inférieur, pour marcher sur Padoue et Vicence. Le feld-maréchal-lieutenant Maroicic, commandant des troupes autrichiennes en Vénétie depuis le départ de l'archiduc Albert, repasse successivement la Piave, le Tagliamento, l'Isonzo, derrière lequel il prend une position défensive.

Le 26 juillet, la notification de l'armistice arrête les armées en présence.

CAMPAGNE DANS LE TYROL.

Après la bataille de Custozza, Garibaldi est forcé de se replier sur Brescia avec un corps de volontaires fort de 25 à 30,000 hommes. Bientôt il reçoit la mission d'opérer dans le Tyrol.

Le général autrichien de Kuhn, qui lui est opposé, n'a que 14,000 hommes. Il établit des forts d'arrêt ou des blokhaus dans les vallées ou aux nœuds principaux, et partage ses forces en six groupes ou colonnes mobiles : la première est chargée de défendre le col du Tonale, la deuxième le col du Stelvio, la troisième le val Giudicaria, la quatrième le val Ampola ; les deux autres en réserve sont placées de Comano à Trente.

Après plusieurs petits combats de succès varié, le général de Kuhn, prenant l'offensive avec ses réserves, bat Garibaldi le 16 juillet dans le val Giudicaria. Cependant le fort Ampola tombe au pouvoir des Italiens. Le général autrichien se voit alors menacé sur son flanc gauche par le général Medici, détaché de l'armée de Cialdini. Il se porte vivement contre Garibaldi, le bat de nouveau dans le val Giudicaria et dans le val de Ledro, et revient pour défendre Trente menacé par le général Medici, qui, arrivant par le val Sugana, s'est emparé de Pergine. La lutte va s'engager sur ce point, quand la nouvelle de la suspension d'armes arrête les hostilités.

CAMPAGNE SUR MER.

La bataille de Lissa fait sur mer le pendant de la bataille de Custozza.

La flotte italienne, commandée par l'amiral Persano, ne comprenait pas moins de 33 bâtiments à vapeur, dont 12 cuirassés, le tout portant 680 canons et monté par 11,000 matelots.

La flotte autrichienne, sous les ordres du contre-amiral Tegethof, comptait 28 bâtiments à vapeur, dont 7 cuirassés, le tout portant 530 canons et 7,500 hommes d'équipage.

Le 14 juillet, l'amiral Persano reçoit du roi l'ordre de sortir de son inaction. Il quitte le port d'Ancône et tente contre l'île de Lissa des attaques qui demeurent infructueuses, quand la flotte autrichienne vient lui présenter la bataille (20 juillet). Grâce à l'offensive énergique de l'amiral Tegethof, la flotte italienne vaincue rentre à Ancône ayant perdu trois de ses plus beaux cuirassés et 700 hommes d'équipage.

TRAITÉS DE PAIX.

La Prusse ayant annoncé sa volonté formelle de traiter séparément avec les alliés de l'Autriche, les négociations ont lieu simultanément à Prague pour l'Autriche et à Berlin pour ses alliés.

Par le traité de Prague, signé le 23 août, l'Autriche reconnaît la dissolution de la Confédération germanique et donne son assentiment à une nouvelle organisation de l'Allemagne sans sa participation; elle cède à la Prusse tous ses droits sur le Schleswig et le Holstein.

Les traités de Berlin sont conclus avec le Wurtemberg, Bade, la Bavière, la Hesse-Darmstadt et la Saxe. Outre les duchés de l'Elbe, la Prusse acquiert le Hanovre, la Hesse-Electorale, le Nassau et Francfort.

Le 3 octobre, l'Italie signe avec l'Autriche le traité de Vienne, par lequel elle reçoit des mains de la France la Vénétie.

La nationalité italienne était constituée. Quant à la nationalité allemande, elle faisait un grand pas vers l'unité par l'organisation de la Confédération de l'Allemagne du nord sous la direction de la Prusse.

CHAPITRE XXVIII.

Guerre franco-allemande de 1870-1871. — Opérations en Lorraine.

Division de la guerre. — La guerre de 1870-1871 se divise naturellement en deux parties, présentant des caractères très divers. Dans la première, entre deux armées régulièrement constituées et que leur passé militaire anime d'une fierté légitime, malgré de grandes différences comme nombre et comme organisation, la lutte est encore possible et le succès incertain. Après la capitulation de Metz, les armées allemandes victorieuses n'ont plus à lutter que contre des masses d'hommes animés, il est vrai, par le patriotisme, mais à qui le manque de cohésion et d'instruction militaire, l'insuffisance des cadres interdisent tout espoir de vaincre : c'est le combat du sacrifice, la lutte pour l'honneur.

Causes. — La guerre de 1866 n'avait été suivie d'aucune compensation territoriale pour la France, qui, après avoir soutenu la Prusse, ne songe plus dès lors qu'à prendre sa revanche de Sadowa. Dès 1867, la question du Luxembourg est sur le point de mettre aux prises les deux puissances rivales. La candidature d'un prince de Hohenzollern au trône d'Espagne va enfin, en 1870, amener une conflagration désirée à Berlin et rendue fatalement nécessaire en France par les fautes de la politique, la faiblesse du gouvernement impérial, les passions excitées de l'opinion publique et le déchaînement d'une presse coupable ou imbécile. Le prince héréditaire de Hohenzollern a beau renoncer à la couronne qui lui est offerte, on veut exiger que le roi de Prusse promette de s'opposer désormais à toute tentative de ce genre. Sur son refus, comme la France est *archi-prête,* la guerre est déclarée (15 juillet).

Mobilisation de l'armée française. — L'armée française, qui prend le nom d'armée du Rhin, comprend sept corps d'armée, plus la garde et est répartie sur un front de 75 lieues. Chaque corps se compose de trois ou quatre divisions d'infanterie, selon qu'il est commandé par un général de division ou par un maréchal de France, d'une division de cavalerie à trois brigades et d'une réserve d'artillerie de six ou de huit batteries. Dès le 16, les transports stratégiques commencent; mais les troupes, établies sur la frontière, manquent des choses les plus nécessaires : argent, vivres, campement, équipages, ambulances; les réservistes n'arrivent qu'à grand-peine ou n'arrivent pas; des généraux même cherchent leur brigade ou leur division.

Le 28 juillet, l'empereur Napoléon III, qui a le commandement général de l'armée, arrive à Metz et trouve les corps dans les emplacements suivants :

1er corps, comprenant les troupes d'Afrique (maréchal de Mac-Mahon), à Strasbourg;

2e corps (général Frossard), à Saint-Avold;

3e corps (maréchal Bazaine), à Metz;

4e corps (général de Ladmirault), à Thionville;

5e corps (général de Failly), à Bitche;

6e corps (maréchal Canrobert), au camp de Châlons;

7e corps (général Félix Douay), à Belfort;

Garde impériale (général Bourbaki), à Nancy.

Il y a de plus une réserve de cavalerie forte de trois divisions (du Barail, Bonnemains, de Forton) à Pont-à-Mousson et Lunéville, une réserve générale d'artillerie (général Canu) à Lunéville et un grand parc à Toul.

L'armée tout entière est forte d'à peu près 200,000 hommes, et, dans les premiers jours d'août, par suite de l'arrivée d'une partie des réserves, elle se trouve portée à 260,000.

Le plan de campagne, s'il eût été exécuté avec promptitude et résolution, pouvait donner des succès. On devait réunir 150,000 hommes à Metz, 100,000 à Strasbourg, pendant qu'une réserve dè 50,000 se rassemblerait au camp de Châlons. Une fois l'attention des Allemands divisée, les deux premières armées se réuniraient et passeraient le Rhin à Maxau, pour séparer le nord et le sud de l'Allemagne, forcer les États du sud à la neutralité et décider l'alliance de l'Autriche. Pendant ce temps, l'armée de réserve se porterait à Metz et la flotte transporterait dans la Baltique un corps de débarquement.

Malheureusement, les fautes du commandement et les lenteurs

de la mobilisation vont nous forcer à la défensive et nous amener à un genre de combat aussi peu conforme à notre caractère national que peu fertile en résultats heureux et décisifs.

Mobilisation de l'armée allemande. — En Allemagne, la mobilisation des forces de la Confédération du Nord s'est effectuée avec le plus grand ordre du 16 au 23 juillet; le 24, les transports vers la frontière commencent. Les opérations ont marché aussi rapidement pour la Bavière, le Wurtemberg et Bade.

L'état-major général allemand forme d'abord trois armées, réparties sur un front de 42 lieues :

A droite, la Première armée (général de Steinmetz), composée des VIIe VIIIe corps et de la 3e division de cavalerie, dans la vallée de la Moselle, entre Trèves et Sarrebruck, le quartier général à Coblentz;

Au centre, la Deuxième armée (prince Frédéric-Charles), comprenant le corps de la garde, les IIIe, IVe, X^e corps, les 5e et 6e divisions de cavalerie, de Mayence à Pirmasens;

A gauche, la Troisième armée (prince royal de Prusse), formée des Ve et XIe corps prussiens, des deux corps bavarois, d'un corps mixte wurtembergeois-badois, des 2e et 4e divisions de cavalerie, près de Landau et de Germersheim.

Une première réserve, composée du IXe corps et du XIIe (corps saxon), se réunit en arrière de la Deuxième armée.

En outre, une réserve générale est formée de trois corps qui vont bientôt aller renforcer le Ier la Première armée, le IIe la Deuxième armée et le VIe la Troisième armée.

Chaque corps d'armée comprend deux divisions d'infanterie, deux régiments de cavalerie et une réserve d'artillerie ou artillerie de corps.

Le 2 août, les armées allemandes, non compris la réserve générale, présentent un effectif de plus de 500,000 hommes et sont sous le commandement général du roi Guillaume, avec le général de Moltke comme chef d'état-major général.

En dehors de ces troupes de première ligne, l'Allemagne dispose encore de 700,000 hommes au moins d'armée active et de landwehr, tandis que la France, dont la garde mobile n'est pas organisée, ne peut guère compter accroître de plus de 200,000 hommes le chiffre de ses combattants. Enfin, si l'armement de l'infanterie française est supérieur à celui de l'infanterie allemande, l'artillerie prussienne est très supérieure à notre artillerie comme nombre de pièces, en portée et en justesse.

Dans ces conditions, l'état-major allemand va pouvoir exécuter son plan, qui consiste à tourner la chaine des Vosges pour faire tomber la défense de l'Alsace, puis à effectuer un vaste mouvement de conversion à droite, la Première armée servant de pivot, pour rejeter les Français vers le nord et les couper, s'il est possible, de leurs communications avec Paris.

Première partie de la guerre jusqu'à la capitulation de Metz.

OPÉRATIONS EN LORRAINE JUSQU'AU 20 AOUT. — C'est le 2 août que les hostilités commencent.

Le 2e corps, qui a pour mission d'être l'œil de l'armée, se porte de Saint-Avold à Forbach et exécute, en présence de l'Empereur, la reconnaissance offensive que l'on a appelée combat de Sarrebruck. Puis, se trouvant trop en l'air, le général Frossard se replie, sans détruire les ponts de la Sarre, et reprend une position plus en arrière sur le plateau de Forbach : la 3e division (de Laveaucoupet) à Spicheren, la 1re (Vergé) à Stiring, la 2e (Bataille) en réserve à Œttingen.

Ce jour-là même (5 août), le maréchal Bazaine reçoit le commandement des corps de gauche de l'armée, les 1er, 5e et 7e étant mis sous les ordres du maréchal de Mac-Mahon. Le 3e corps, placé derrière le 2e, a une division à Sarreguemines, une à Puttelange, une à Marienthal, une à Saint-Avold, à 16 kilomètres en moyenne de la position de Spicheren. Le 4e corps est à la gauche du 3e, occupant avec ses trois divisions Teterchen, Boulay et Boucheporn et observant les routes de Sarrelouis. En arrière de ces trois corps, la garde formant réserve occupe Courcelles-Chaussy.

Cependant, les corps allemands se sont rapprochés de la frontière. Le 6 au matin, les Première et Deuxième armées se portent sur la Sarre, précédées par les 5e et 6e divisions de cavalerie : en première ligne, les VIIe et VIIIe corps de la Première armée et les IIIe et IVe corps de la Deuxième armée ; derrière eux, s'échelonnent la garde, les IXe, Xe et XIIe corps.

BATAILLE DE SPICHEREN (6 août). — Impatient d'entrer en

action, le général de Steinmetz, croyant à une retraite des Français, donne l'ordre de passer la Sarre et d'occuper les positions de la rive opposée. Une division du VIIe corps franchit la rivière à Wœlcklingen et se dirige vers Forbach, menaçant le flanc gauche et les derrières de la position française ; l'autre division (de Kameke) la traverse au pont de Sarrebruck et aborde de front la ligne française, qui s'étend du village de Stiring au Gifert-Wald, en passant par les hauteurs de Spicheren. L'action de onze heures et demie à trois heures est tout à l'avantage des Français, qui commettent alors la faute de se renfermer dans une défensive passive. Deux nouvelles divisions arrivent avec le général de Gœben : le Rothe-berg ou éperon de Spicheren est enlevé, puis le Gifert-Wald, et l'ennemi dirige tous ses efforts sur notre gauche contre Stiring-Wendel. A 8 heures du soir, tourné du côté de Forbach par une division prussienne, le 2e corps se retire dans la direction de Sarreguemines, abandonnant du matériel et des approvisionnements considérables.

Dans cette journée, où le commandement change trois fois de main dans le courant de l'action, les attaques décousues des Allemands sans cesse renforcés n'ont réussi que grâce à leur supériorité numérique sur les Français rejoints trop tard par trois divisions du 3e corps. Nos pertes sont de 3,800 tués, blessés et disparus, celles des Prussiens de près de 5,000.

Retraite des Français sur la Moselle. — Le 7, le 2e corps est à Puttelange, et, protégé par la brigade mixte Lapasset, détachée du 5e corps, il bat en retraite sur Metz par la route peu directe de Gros-Tenquin, Baronville, Remilly. Les 3e, 4e corps et la garde se sont également portés sur la rive gauche de la Nied française, où il est question de livrer bataille. Le 10, la retraite est reprise sur Metz, autour de laquelle l'armée s'établit : le 2e corps à Mercy-le-Haut, le 3e derrière le ravin de Colombey, le 4e en avant du fort Saint-Julien, la garde en réserve ; le 6e corps, arrivé de Châlons avec trois divisions seulement et sans sa réserve d'artillerie, se place entre la Seille et la Moselle.

Le 13, l'Empereur remet au maréchal Bazaine le commandement des cinq corps réunis à Metz en lui prescrivant de ramener l'armée sur Verdun, puis sur Châlons, où il se propose de joindre les deux armées pour barrer aux Prussiens la route de Paris. En même temps, le général Jarras remplace comme major-général le maréchal Lebœuf, qui va être placé à la tête du 3e corps après la blessure et la mort du général Decaen.

Cependant les Allemands ont continué leur marche d'une façon prudente et méthodique. La Troisième armée, déployée entre Sarre-Union et Sarrebourg, s'avance vers Nancy. La Deuxième armée, qui a suivi la route Saint-Avold-Noméný, cherche à passer la Moselle en amont de Metz, pour remonter ensuite vers le nord, de manière à s'opposer à tout mouvement de retraite de l'armée française, pendant que la Première armée, établie sur la Nied, reste en observation pour protéger le mouvement.

Bataille de Borny (14 août). — Obéissant aux ordres de l'Empereur, le maréchal Bazaine fait exécuter le passage de la Moselle en arrière par les deux ailes, quand, le 14 août, entre 3 heures 1/2 et 4 heures, le canon se fait entendre à l'est de Metz. C'est l'avant-garde du VIIe corps, commandée par le général de Goltz, qui, témoin de la retraite de nos troupes, cherche à la retarder et attaque le 3e corps. Celui-ci, soutenu en arrière par la garde impériale, est bientôt secouru par le 4e corps qui revient sur ses pas et prend position derrière le village de Mey. Du côté des Allemands, se déploient tout le VIIe corps et le Ier, qui agit sur la route de Sarrelouis. Les Prussiens ne peuvent dépasser le ravin de Colombey et se replient sur leurs anciens emplacements.

Ce combat, brillamment soutenu de part et d'autre, coûte aux Français 3,600 hommes et aux Allemands près de 5,000 ; il relève le moral des premiers, mais n'en cause pas moins, malgré la disgrâce du général de Steinmetz, un retard dans la marche de l'armée française dont les conséquences vont être considérables.

Le 15, la marche sur Verdun est reprise, malheureusement retardée encore par l'utilisation de la seule route de Gravelotte et par l'encombrement produit dans Metz par nos colonnes de bagages. A partir de Gravelotte, l'armée doit former deux colonnes : la colonne de droite, comprenant la 1re division de cavalerie, les 3e et 4e corps, la garde et la réserve d'artillerie, par Doncourt et Conflans ; la colonne de gauche, comprenant la 3e division de cavalerie, les 2e et 6e corps, par Mars-la-Tour.

Bataille de Gravelotte (16 août). — D'après les ordres reçus, le IIIe corps prussien, qui a passé la Moselle à Novéant, s'avance par Gorze sur Mars-la-Tour, pendant que le Xe venant de Pont-à-

Mousson part de Thiaucourt, précédé par les 6e et 5e divisions de cavalerie. L'armée française doit partir à 6 heures; mais, sauf l'Empereur qui a pris ce matin même la route de Verdun, par suite de nouveaux retards elle est encore sur les positions de la veille, quand à 9 heures elle reçoit les premiers coups de canon.

La bataille de Gravelotte, Rezonville ou Mars-la-Tour peut être considérée comme une bataille de rencontre. Elle accuse l'erreur des deux partis : des Français qui croient n'avoir affaire qu'à des avant-gardes, des Allemands qui s'imaginent n'avoir devant eux que les arrière-gardes de l'armée engagée déjà sur la route de Verdun.

La 5e division de cavalerie prussienne (général de Rheinbaben), devançant le corps d'armée qu'elle est chargée d'éclairer, prend position dès 9 heures du matin à Tronville, puis à Vionville, d'où elle couvre d'obus la division de Forton et les campements de Rezonville. Bientôt la 6e division de cavalerie (duc Guillaume de Mecklembourg), précédant le IIIe corps, débouche à son tour du ravin de Gorze et se relie à la 5e division.

Immédiatement le 2e corps se déploie au sud de la route, occupant Vionville et Flavigny comme postes avancés en avant de son front et se couvrant sur sa gauche vers le bois de Saint-Arnould et les ravins de Gorze et de Gravelotte par une de ses brigades et par la brigade Lapasset. Le 6e corps vient se placer à hauteur du 2e, de Rezonville à St-Marcel ; la garde est à Gravelotte ; le 3e corps marche de Verneville vers Saint-Marcel ; le 4e se dirige sur Doncourt et viendra former, à la fin de la journée, la droite de la ligne de bataille, qui sera devenue parallèle à la route de Verdun.

Jusqu'à midi, le 2e corps français lutte presque seul contre le IIIe corps (général d'Alvensleben) qui a une artillerie supérieure. Pour le soutenir, deux régiments de cavalerie chargent successivement et sont ramenés par des hussards prussiens, qui entourent un moment le maréchal Bazaine et son état-major. Les grenadiers de la garde relèvent le 2e corps ; le 6e corps commence une conversion qui doit l'amener sur le flanc gauche de l'ennemi. Le IIIe corps, menacé à son tour, lance à la charge la brigade de Bredow, dont le généreux sacrifice a du moins pour résultat d'arrêter un instant notre mouvement en avant. A 3 heures, le Xe corps (général de Voigts-Rhetz) entre en action et le 3e corps (maréchal Lebœuf) se porte en ligne. A ce moment, le maréchal peut remporter une victoire décisive en prenant vigoureusement l'offensive contre l'aile gauche des Prussiens. Mais, pénétré de l'idée que l'ennemi veut le couper de Metz, c'est à sa gauche qu'il accumule des réserves. Vers 3 heures, le 4ᵉ corps débouche de Bruville et anéantit au nord de Mars-la-Tour la brigade de Wedel du Xᵉ corps. Le général de Ladmirault ordonne alors aux généraux Legrand, du Barail et de France de charger avec toute la cavalerie disponible. Le général de Voigts-Rhetz donne le même ordre au général de Barby. 6,000 cavaliers se rencontrent sur le plateau de Ville-sur-Yron, se heurtent dans une mêlée sanglante, puis se rallient les uns vers Bruville, les autres à Mars-la-Tour. Cependant le prince Frédéric-Charles, arrivé sur le champ de bataille avec les têtes de colonne des VIIᵉ, VIIIᵉ et IXᵉ corps, ordonne un grand mouvement offensif, préparé par un redoublement de feu d'artillerie. Les Français se maintiennent sur leurs positions et la nuit met fin à cette bataille, dont les deux partis s'attribuent le succès.

Les pertes sont de 17,000 hommes pour les Français, dont l'effectif a été de 45,000 hommes engagés pendant la première partie de la bataille et de 126,000 pendant la seconde ; elles sont de 16,000 hommes pour les Allemands, qui ont eu d'abord au feu 53,000 hommes, puis 151,000.

JOURNÉE DU 17 AOUT. — Le soir de la bataille, vers minuit, le maréchal Bazaine, abandonnant toute idée de marche par Mars-la-Tour et par Briey, sous prétexte de se ravitailler se replie sur les lignes d'Amanvillers.

Les Prussiens, qui s'attendent à être attaqués le 17, pressent l'arrivée de leurs troupes. Le mouvement terminé, ils doivent se trouver placés face au nord, du bois de Vaux à Mars-la-Tour, dans l'ordre suivant : VIIᵉ et VIIIᵉ corps de la Première armée, IIIᵉ, Xᵉ, IXᵉ corps, garde et XIIᵉ corps de la Deuxième armée ; les IIᵉ et IVᵉ en réserve.

L'armée française est établie sur les hauteurs qui s'étendent entre la Moselle et l'Orne, escarpées au sud, descendant en pentes douces vers l'ouest et marquées par les fermes et villages du Point-du-Jour, de Moscou, Leipzig, Montigny-la-Grange, Saint-Privat-la-Montagne et Roncourt. Elle est répartie de la façon suivante : la brigade Lapasset et le 2ᵉ corps de Sainte-Ruffine au Point-du-Jour, le 3ᵉ corps de la ferme de Moscou à celle de la Folie, le 4ᵉ de la Folie à Amanvillers, le 6ᵉ d'Amanvillers à Roncourt ; la garde et la réserve d'artillerie sont sur les pentes de Plappeville et de Saint-Quentin.

C'est sur ces positions d'Amanvilliers que va se livrer la bataille de Saint-Privat-la-Montagne, appelée bataille de Gravelotte par les Allemands, entre 130,000 Français avec 450 bouches à feu et 210,000 Prussiens soutenus par 726 pièces de canon.

BATAILLE DE SAINT-PRIVAT-LA-MONTAGNE (18 août). — Toute la matinée est employée par l'armée allemande à faire les mouvements préparatoires qui tendent à placer son front parallèlement à celui de l'armée française, dont elle cherche le point d'appui de droite.

Le IXe corps allemand débouche vers 11 heures 45 entre le bois des Genivaux et celui de la Cusse et tire les premiers coups de canon contre le corps de Ladmirault établi à la Folie, Montigny et Amanvilliers. Il ne se maintient que grâce à une puissante artillerie. A sa droite, la Première armée en action : le VIIIe corps s'empare, au prix de pertes énormes, de la ferme de Saint-Hubert, mais ne peut plus progresser ; le VIIe s'établit à Jussy en face de la brigade Lapasset, qui conserve jusqu'à la fin Rozérieulles et Sainte-Ruffine.

A la gauche du IXe corps, la garde prussienne est opposée au corps Canrobert, dont vers 1 heure 1/2 le prince Frédéric-Charles apprend la présence à Saint-Privat-la-Montagne ; deux heures après, c'est Roncourt qu'il sait être occupé. Les Saxons, qui précèdent la garde dans le grand mouvement tournant qui doit envelopper notre aile droite, sont alors dirigés plus au nord, vers Montois. A 5 heures 1/2, pendant que la 3e brigade d'infanterie de la garde subit un rude échec devant Amanvilliers, le commandant de ce corps, prince Auguste de Wurtemberg, croyant les défenseurs de Saint-Privat suffisamment ébranlés par le feu de son artillerie, fait une conversion à droite et marche face et contre Saint-Privat. La 4e brigade de la garde s'élance la première d'Habonville en lignes de colonnes précédées de pelotons de tirailleurs ; la 1re division sort de Sainte-Marie-aux-Chênes et dans le même ordre. En 10 minutes, la garde a 7,000 hommes par terre et le prince de Wurtemberg est obligé de suspendre le mouvement en avant. Le moment était venu pour le maréchal Canrobert de prendre l'offensive, s'il eût été soutenu. Mais la garde impériale est tenue immobile sur le plateau de Saint-Quentin et le maréchal Bazaine, qui n'est monté à cheval qu'à trois heures, est rentré depuis longtemps à son quartier-général.

Pendant ce temps, Frédéric-Charles et Steinmetz animent leurs troupes et les reportent en avant. Sous les yeux du roi Guillaume, le IIe corps débouche de Gravelotte et ramène au combat les VIIe et VIIIe corps déjà bien éprouvés : tous leurs efforts sont vains et la nuit met fin à cette lutte. A ce moment, une nouvelle attaque contre Saint-Privat, préparée par le tir concentrique de 210 bouches à feu, réussissait sous les efforts renouvelés de la garde et des Saxons. Le maréchal Canrobert se replie à la lisière de la forêt de Jaumont de laquelle débouche, mais trop tard, la division de grenadiers. Le général de Ladmirault, dont la droite est découverte par suite de la retraite du 6e corps, doit à son tour quitter le village d'Amanvilliers. Le feu cesse tout-à-fait à dix heures et la nouvelle du succès de sa gauche est portée au roi de Prusse tout étonné de sa victoire. Les Allemands l'avaient payée de 20,000 morts ou blessés; les Français en avaient perdu 11,000.

RETRAITE DE L'ARMÉE FRANÇAISE SOUS METZ. — Le 19, l'armée française prend autour de Metz les emplacements qui lui sont assignés :

Le 3e corps en avant des forts de la rive droite ;

Le 2e corps entre Seille et Moselle ;

Les 4e, 6e corps et la garde sur la rive gauche ;

Le quartier général au Ban Saint-Martin.

« Le mal n'est pas bien grand, dit Bazaine à ses officiers ; le mouvement que vous faites, vous deviez l'exécuter douze heures plus tard. » En même temps, il annonce à l'Empereur qu'il s'est retiré sous Metz pour s'y refaire et qu'au bout de deux ou trois jours il se remettra en marche. Mais l'armée est rentrée à Metz, abandonnant sa ligne de retraite, et elle n'en sortira que livrée à l'ennemi, à la suite d'une capitulation sans exemple dans l'histoire.

Le même jour, le prince Frédéric-Charles, nommé général en chef de l'armée d'investissement, arrête les emplacements de ses corps : le Ier corps avec la division de réserve (de Kummer) et la 3e division de cavalerie, sur la rive droite de la Moselle ; les VIIe, VIIIe, IIe et Xe corps sur la rive gauche ; les IIIe et IXe corps en réserve.

Avec les corps restants, les IVe, XIIe, la garde, les 5e et 6e divisions de cavalerie, une nouvelle armée est formée, dite armée de la Meuse, sous le commandement du prince royal de Saxe.

CHAPITRE XXIX.

Campagne de 1870-1871. — Opérations en Alsace. — Sedan. — Fin des opérations autour de Metz.

OPÉRATIONS EN ALSACE.

Sa concentration terminée au sud de la ligne Landau-Germersheim, le prince royal de Prusse donne ses ordres de mouvement, conformément au plan par lequel il devient aile marchante de la grande conversion à exécuter. Le 4 août, il franchit la frontière en quatre colonnes entre Wissembourg et Lauterbourg, le Ier corps bavarois marchant en réserve avec la cavalerie.

Des trois corps français qui doivent garder les Vosges, le 5e est à Bitche, le 7e encore en formation à Belfort, le 1er seul est réparti sur le flanc oriental des montagnes de Haguenau à Wissembourg : c'est sur lui que va se porter tout l'effort de la Troisième armée.

Combat de Wissembourg (4 août). — La 2e division de ce corps est arrivée depuis la veille au soir sur la ligne de la Lauter, quand, le 4, à 8 heures du matin, elle est attaquée à Wissembourg par le IIe corps bavarois. Son chef, le général Abel Douay, est tué. Après une brillante résistance, les bataillons français sont successivement chassés de la ville, puis des hauteurs du Geisberg par les Bavarois auxquels viennent se joindre les Ve et XIe corps prussiens avec une nombreuse artillerie. Ce faible succès est chèrement acheté par les Allemands au prix de plus de 1,500 hommes, dont près de 100 officiers.

Journée du 5 août. — Placé par l'Empereur à la tête des 1er, 5e et 7e corps, le maréchal de Mac-Mahon confie le 1er au général Ducrot et ordonne aux généraux de Failly et Félix Douay de le rejoindre, en se dirigeant sur Haguenau par les voies rapides. Le

1er corps prend une position défensive à Frœschwiller, de manière à couvrir les routes de Bitche et de Saverne et à menacer le flanc droit de l'ennemi s'il marche sur Strasbourg. Le maréchal n'a donc pas intérêt à livrer bataille le 6.

De son côté, le prince royal, averti de la présence des Français sur la Sauer, dirige ses quatre colonnes vers le sud; il veut consacrer la journée du lendemain à donner du repos à ses troupes et à prendre ses dispositions pour attaquer le 7.

BATAILLE DE FRŒSCHWILLER (6 août). — Le 6, vers 6 heures et demie du matin, le Ve corps prussien, procédant à une reconnaissance offensive, ouvre le feu contre Frœschwiller et Elsasshausen; le IIe corps bavarois, entendant le canon, force la marche vers Langensoultzbach.

La ligne française s'étend sur les hauteurs de la rive droite de la Sauer, de Neehwiller au nord à Morsbronn au sud, en passant par Frœschwiller, Elsasshausen, le Niederwald et Eberbach. Les débouchés qui permettent d'arriver sur la position sont les ponts de Langensoultzbach, de Wœrth, de Spachbach et de Gunstett. La 1re division (Ducrot) occupe la gauche, la 3e (Raoult) le centre, la 4e (de Lartigue) la droite; en arrière du centre, la division de cuirassiers Bonnemains, la brigade légère de Septeuil et la 2e division (Pellé) sont en réserve; en arrière de la droite, se trouvent la division Conseil-Dumesnil du 7e corps et la brigade de cuirassiers Michel. 45,000 Français vont avoir à lutter contre les 150,000 hommes de la Première armée.

A 10 heures, le IIe corps bavarois, sur l'ordre du général en chef, a cessé le feu. Mais le Ve (général de Kirchbach), qui occupe Wœrth et a été repoussé des hauteurs malgré la supériorité de son artillerie, se prépare à renouveler l'attaque. Vers midi, le prince royal se décide à le faire soutenir à droite par le IIe corps, à gauche par le XIe, et il envoie aux Wurtembergeois et aux Bavarois du Ier corps l'ordre de se rapprocher pour appuyer les troupes engagées.

Le Ve corps s'empare enfin des hauteurs de Wœrth, le XIe occupe Morsbronn et pénètre dans le Niederwald. Les charges héroïques des cuirassiers Michel et Bonnemains demeurent inutiles.

A trois heures, la bataille est perdue. Prussiens et Bavarois se jettent sur Frœschwiller qui est enlevé, et nos débris en désordre reculent sur Reichshoffen, menacé déjà par les Wurtembergeois. A six heures du soir, la division Guyot de Lespart du 5e corps, qui débouche de Niederbronn, contribue, avec la 1re division, à arrêter la poursuite.

Les Allemands ont perdu près de 11,000 hommes tués ou blessés, les Français de 4 à 5,000 hommes, dont les généraux Colson et Raoult tués, et 9,000 prisonniers.

Retraite sur Chalons. — Le lendemain de la bataille, le 1er corps se reforme à Saverne et effectue sa retraite par Lunéville et Neufchâteau sur le camp de Châlons, où l'appellent les ordres de l'Empereur. Le 5e corps, compromis entre deux batailles qu'il a laissé perdre, se retire par Sarrebourg, Lunéville et Chaumont, où il prend le chemin de fer. Le 7e corps est transporté lui aussi au camp de Châlons; et, le 20 août, le maréchal de Mac-Mahon organise avec l'adjonction d'un autre corps, le 12e, une nouvelle armée qui prend d'abord le nom d'armée de Châlons.

L'armée du prince royal, qui, dès le premier jour, a perdu le contact, se déploie sur la Sarre et marche vers la Moselle, en se reliant par sa droite avec la Deuxième armée. Le 16, couverte par ses deux divisions de cavalerie et renforcée du VIe corps, elle occupe Nancy.

Siège de Strasbourg (8 août-28 septembre). — En arrière d'elle, la division badoise, sous les ordres du général de Beyer, vient investir Strasbourg. Cette place avec de vieilles fortifications, sans forts détachés, et un matériel insuffisant se trouve hors d'état de résister au général de Werder, qui dispose bientôt de 60,000 hommes et de plus de 500 bouches à feu. Le 28 septembre, après trente-et-un jours de siège régulier et un impitoyable bombardement qui dure depuis le 15 août, le général Uhrich capitule avec la garnison qui compte encore 15,000 hommes.

Marche de Chalons a Sedan. — L'armée de Châlons, composée des 1er corps (Ducrot), 5e (de Failly), 7e (Douay), 12e (Lebrun) et de deux divisions de cavalerie de réserve, compte à peu près 140,000 hommes et 400 pièces de canon. Le maréchal de Mac-Mahon est d'avis de ramener cette armée sous Paris, et, dans cette intention, il se dirige sur Reims. Mais des raisons politiques l'obligent à marcher au secours de Bazaine, qui dans une dépèche annonce qu'il compte prendre la direction du nord. En conséquence, les corps français passent la Suippe et, le 25, gar nissent l'Aisne entre Réthel et Vouziers.

A cette date, la Troisième armée se dirige en trois colonnes vers Châlons, que sa cavalerie a déjà dépassé · en tête, les IIe corps bavarois, Ve et XIe corps prussiens ; derrière eux, le Ier corps bavarois, la division wurtembergeoise et le VIe corps. Le quartier général du Roi est à Bar-le-Duc. L'armée de la Meuse est en relations avec l'armée du prince royal, précédée vers Sainte-Menehould par les trois divisions de cavalerie. Apprenant par des journaux français et par un télégramme de Paris la marche de Mac-Mahon vers le nord-est, le général de Moltke, modifiant ses instructions, achève la conversion des armées allemandes qu'il cherche à concentrer vers Damvillers sur la rive droite de la Meuse.

L'armée française a continué sa marche vers la Meuse dans la direction de Stenay. Le 27, a lieu à Buzancy un petit engagement d'avant-garde avec la cavalerie de l'armée de la Meuse, qui est déjà parvenue à Stenay. Le maréchal Mac-Mahon veut revenir à son premier projet; mais un ordre formel venu de Paris lui enjoint de reprendre la marche sur Montmédy. Il redescend alors la Meuse jusqu'à Mouzon, où le 12e corps passe sur la rive droite, ainsi qu'une division de cavalerie. Le 1er corps atteint Raucourt; les 5e et 7e corps, à l'aile droite, sont en contact immédiat avec l'ennemi. Le 29, le général de Failly donne à Nouart contre l'avant-garde du XIIe corps et se dirige sur Beaumont, où il arrive dans la matinée du 30.

Combat de Beaumont (30 août). — A midi et demi, le 5e corps est surpris dans son camp par le IVe corps prussien, qui s'empare facilement de Beaumont, mais rencontre une résistance sérieuse sur les hauteurs en arrière. Accablés à 6 heures du soir par l'entrée en ligne du XIIe corps et du Ier bavarois, les Français ne doivent qu'aux secours qui leur sont envoyés et au dévouement du 5e cuirassiers de pouvoir passer le pont de Mouzon. Ils ont perdu 4,000 hommes, dont plus de 2,000 prisonniers ; les Allemands plus de 3,500 tués ou blessés.

Quoi qu'il en soit, l'armée française, bien démoralisée il est vrai, est réunie tout entière sur la rive droite de la Meuse, de Carignan à Sedan. Elle reçoit l'ordre de se concentrer le 31 à Sedan, place dépourvue d'approvisionnements et qui ne peut être d'aucun secours. On espère, de là, pouvoir se replier sur le 13e corps (Vinoy) envoyé récemment de Paris à Mézières. Le 12e corps s'établit face à l'est derrière le ravin de Givonne, de Bazeilles à la Moncelle; le 1er corps à sa gauche, au-dessus de Daigny et de Givonne; le 7e au nord-ouest de Sedan, derrière le ravin de Floing, se reliant au 1er vers le calvaire d'Illy; le 5e, passé sous les ordres du général de Wimpffen, au grand camp près des remparts de la place.

Le 31 au soir également, l'armée de la Meuse est tout entière sur la rive droite de la Meuse, dont la rive gauche est occupée par les troupes de la Troisième armée. Le Ier corps bavarois (de Tann) s'empare du pont de Bazeilles, le XIe corps (de Bose) se saisit de celui de Donchery; d'autres ponts sont construits.

Bataille de Sedan (1er septembre). — Le lendemain, 124,000 Français avec 400 pièces de canon, entassés dans un espace restreint et bientôt sans issue, vont être entourés par 245,000 Allemands pourvus de 800 bouches à feu.

La bataille commence vers 4 h. 1/2 du matin à la droite française, où le 12e corps est attaqué par les Bavarois. Bientôt le IVe corps se montre devant la Moncelle et les Saxons devant Daigny. Malheureusement, le maréchal de Mac-Mahon est grièvement blessé au-dessus du village de la Moncelle et obligé de remettre le commandement au général Ducrot.

Il est 7 h. 1/2, et le général, comprenant la gravité de la situation et le plan de l'ennemi, donne l'ordre de la retraite sur Mézières, retraite qui doit être couverte par le 1er corps et commencée par les 7e et 12e.

Mais vers 9 heures le général de Wimpffen, en vertu d'une lettre de service qu'il a entre les mains, réclame le commandement; séduit par les succès de l'infanterie de marine à Bazeilles, il arrête le mouvement de retraite et rappelle les 1er et 12e corps à leurs positions primitives.

Bientôt cependant les deux corps bavarois triomphent à Bazeilles de l'opiniâtre résistance qui leur est opposée; Daigny est enlevé à la division de Lartigue. Le 7e corps, écrasé par le feu d'une nombreuse artillerie établie sur les hauteurs de Floing, est obligé de reculer devant les troupes des XIe et Ve corps; la garde prussienne entre en action au nord de Givonne.

A 2 heures, l'armée française est complètement entourée et reflue vers Sedan, où tombent déjà les obus prussiens. Les brillantes charges de la division Margueritte sont impuissantes pour arrêter la marche en avant de l'ennemi, qui pénètre enfin dans le bois de la Garenne.

La lutte devient impossible : l'Empereur se décide à faire arborer le drapeau blanc. Par la capitulation signée le lendemain, l'armée tout entière est prisonnière de guerre et attend dans la presqu'île d'Iges, au camp de *la Misère*, le moment du départ pour la captivité. 17,000 Français morts ou blessés restent sur ce funeste champ de bataille, ainsi que 10,000 Allemands.

La journée de Sedan a comme conséquence immédiate la chute de l'Empire. L'Empereur prisonnier n'a pas traité de la paix, et la France va montrer, dans la deuxième partie de la guerre, dans cette lutte pour l'honneur, avec des ressources considérables, une vitalité, une constance patriotique qui ont imposé le respect à ses ennemis même.

Fin des opérations autour de Metz. — Tant que l'armée de Metz existe, le salut est possible. Que va faire de ces troupes de jour en jour plus braves et plus aguerries le maréchal Bazaine? Il a manifesté l'intention de sortir du camp retranché, dès que l'armée sera reposée et ravitaillée en vivres et en munitions. Le 26 août, il se décide à faire une tentative sur la rive droite de la Moselle, pour marcher ensuite vers Thionville. Mais dans un grand conseil de guerre tenu à la ferme de Grimont, le général Soleille, commandant l'artillerie de l'armée, déclare qu'il n'a de munitions que pour une bataille; le général Coffinières, gouverneur de Metz, émet l'avis que l'armée doit rester pour la défense de la place hors d'état de se suffire à elle-même : le maréchal Bazaine donne l'ordre aux troupes de reprendre leurs emplacements.

Bataille de Noisseville ou Servigny-les-Sainte-Barbe (31 août et 1er septembre). — Le 31 août, pressé de nouveau par l'Empereur de se joindre au maréchal de Mac-Mahon, il se porte sur le plateau de Sainte-Barbe. Depuis le matin, les troupes sont sur leurs positions de combat; cependant l'action ne commence qu'à 4 heures de l'après-midi.

A droite, la brigade Lapasset s'empare de Coincy; le 3e corps, au centre, enlève Noisseville et Servigny. A gauche, le 6e corps échoue devant Failly. Les Prussiens profitent de la nuit pour réoccuper Servigny, et le général de Manteuffel, qui a soutenu le premier effort des Français avec trois divisions, recommence la lutte au lever du jour avec de nombreux renforts. A 10 heures, le 3e corps est obligé d'évacuer Noisseville canonné par une batterie de 114 pièces, et, à sa droite, la division Fauvart-Bastoul abandonne, par ordre, le village de Flanville. Le mouvement se propage et à 6 heures la retraite est achevée. Cette bataille, commencée si tard la veille et terminée si tôt le lendemain, dirigée avec mollesse et indécision, n'en coûte pas moins la vie à 3,500 Français. Elle donne à penser que Bazaine a déjà renoncé à quitter Metz et à rompre la ligne d'investissement de l'ennemi.

Dès lors, les Allemands ont tout le loisir nécessaire pour entourer la ville de batteries, de tranchées, de barricades et d'abatis. Le maréchal, qui n'a pas su les tenir en haleine par des combats continuels, ainsi que le voulait le maréchal Canrobert, ne s'est pas davantage préoccupé de réunir des approvisionnements. Dès le 4 septembre, on distribue de la viande de cheval. L'annonce de la capitulation de Sedan et de l'installation du gouvernement de la Défense nationale fournit à Bazaine l'occasion d'entrer en relations avec le prince Frédéric-Charles. A partir de ce moment, la politique prime l'action militaire, qui est bornée à de petites opérations ayant généralement pour but de faire rentrer des vivres dans Metz. Tels sont les combats de Lauvallier par le 3e corps, de Peltre par la brigade Lapasset, de Ladonchamps par le 6e corps, qui finit par s'installer définitivement dans cette localité. Enfin, le 7 octobre, les voltigeurs et les chasseurs de la garde s'emparent des fermes et hameaux des Maxes, des Tapes, de Saint-Rémy et de Bellevue.

C'est alors que les pluies, les fatigues, les privations de toute espèce rendent la situation de l'armée de plus en plus pénible; 20,000 blessés ou malades encombrent la ville et les ambulances; les vivres, la viande de cheval elle-même viennent à manquer.

La capitulation est signée le 27, approuvée le 28 et exécutée le 29 octobre. Bazaine, refusant pour l'armée les honneurs de la guerre, veille à ce que les drapeaux et les armes soient remis à l'ennemi et reçoit les remercîments du prince Frédéric-Charles.

Ainsi finit l'armée de Metz qui n'avait perdu ni un drapeau ni un canon sur les champs de bataille, mais y avait laissé 42,000 des siens, infligeant une perte de 46,000 hommes aux armées allemandes. 173,000 hommes, dont 6,000 officiers, 600 pièces de campagne, 800 pièces de position, 200,000 fusils, un immense matériel de guerre étaient livrés aux Prussiens étonnés et comme honteux d'un succès si peu glorieux : événement inouï et à jamais déplorable !

CHAPITRE XXX.

Deuxième partie de la guerre, de la capitulation de Metz au traité de Francfort. — La guerre sous Paris. — Armées de la Loire.

Après le désastre de Sedan, le gouvernement du Quatre-Septembre fait quelques tentatives de paix bientôt arrêtées par les prétentions des Allemands. Il se décide alors à prolonger la lutte. Metz paralyse encore une partie des forces ennemies. Paris va se défendre le plus longtemps possible, et, pendant ce temps, la province organisera de nouvelles armées.

La guerre sous Paris. — Dans la nuit du 1er au 2 septembre, le 13e corps (général Vinoy), parvenu à Mézières, avait battu en retraite sur Laon et de là sur Paris, où il arrivait le 9 septembre. Les Allemands l'avaient suivi : le prince royal de Saxe par Soissons, Compiègne, Creil ; le prince royal de Prusse par Reims, Epernay et Coulommiers. L'armée de la Meuse devait occuper la rive droite de la Seine ; la Troisième armée, la rive gauche, après avoir passé le fleuve à Villeneuve-Saint-Georges et à Juvisy.

Composition de l'armée. — Quelles sont les ressources de Paris, dont on n'attend pas une grande force de résistance ?

Deux corps d'armée formés de troupes régulières : le 13e corps, organisé en trois divisions d'infanterie, dont deux régiments seuls sont d'ancienne formation, le 35e et le 42e, venus de Rome ; le 14e corps (général Renault) organisé aussi en trois divisions d'infanterie de régiments de marche, — environ 50,000 hommes ;

13,000 marins, auxquels est confiée en grande partie la défense des forts ;

15,000 soldats de provenances diverses : gendarmes, douaniers, sergents de ville ;

115,000 gardes mobiles de province ou parisiens assez faiblement et inégalement instruits et disciplinés ;

Quant à la garde nationale de Paris, qui comprend 250,000 hommes, elle est d'un maniement délicat et montre en général plus de goût pour les émeutes à l'intérieur que pour le service en dehors des murs de la capitale.

Si les troupes chargées de la défense présentent peu de solidité, les approvisionnements et le matériel de la place sont considérables.

Paris, bien qu'étroitement bloqué par les Prussiens, pourra faire vivre pendant près de cinq mois une population de 2,000,000 d'âmes, et cette place, si décriée avec son enceinte bastionnée et ses forts si rapprochés et dépourvus d'abris, a soutenu pendant près de cinq mois aussi une magnifique lutte d'artillerie contre les Allemands, qui n'ont pas osé l'attaquer pied à pied et de près.

Investissement de Paris. — Le 17 septembre, l'investissement de Paris commence. Une division du 13e corps français livre à une fraction du Ve corps prussien le combat de Montmesly. Le 19, un engagement plus sérieux a lieu à Châtillon, entre le 14e corps français, dirigé par le général Ducrot, et le Ve corps qui se dirige sur Versailles. Une partie des troupes françaises, prise d'une folle panique, s'enfuie vers les portes de Paris, dont les Prussiens, plus audacieux, auraient pu s'emparer ce jour-là. Le général Trochu, président du gouvernement de la Défense nationale, en même temps que gouverneur de Paris et chef de l'armée, intimidé par cet insuccès, évacue momentanément les défenses extérieures, excepté le mont Valérien, et se renferme dans la place.

Les Allemands s'établissent :

Le IVe corps, de Bougival à Saint-Denis ;

La garde, de Saint-Denis à la forêt de Bondy ;

Le XIIe corps, de cette forêt jusqu'à la Marne ;

La division wurtembergeoise, à Champigny et à Boissy-Saint-Léger ;

Le VIe corps, entre la Seine et la Bièvre ;

Le IIe corps bavarois, sur les hauteurs de Châtillon et de Meudon ;

Le Ve corps, de Sèvres à Bougival ;

Le XIe corps et le Ier corps bavarois servent de réserves ;

Le grand quartier-général est établi à Versailles.

Ces deux armées allemandes présentent un effectif d'environ 170,000 fantassins, 30,000 cavaliers et 700 pièces de canon.

De part et d'autre, on pousse activement les travaux d'investissement et de défense. L'enceinte fortifiée de Paris est divisée en neuf secteurs placés sous les ordres d'officiers généraux de l'armée ou de la marine. Le général Guiod commande l'artillerie ; le général de Chabaud La Tour dirige les travaux du génie.

PREMIÈRES OPÉRATIONS. — Le 23 septembre, le général Vinoy, à la tête du 13e corps, reprend le plateau de Villejuif. Le 30, dans le but principal de détruire le pont de Choisy-le-Roi, il dirige trois colonnes sur Thiais, Chevilly et l'Hay. Après des pertes sensibles (plus de 2,000 hommes hors de combat), les Français reculent devant le VIe corps prussien et le IIe bavarois. Le 13 octobre, sur l'ordre du gouverneur de Paris, le général Vinoy conduit une forte reconnaissance sur le plateau de Châtillon, laquelle pénètre dans Clamart, Châtillon et Bagneux, et se retire, sans être inquiétée, le résultat obtenu.

Le 21 octobre, le 14e corps, sous le commandement du général Ducrot, tente une opération semblable dans la presqu'île de Gennevilliers. 10,000 hommes environ, appuyés par une nombreuse artillerie, s'élancent avec une bravoure incontestable contre La Malmaison, Saint-Cucufa et Buzenval, s'en emparent, mais sont arrêtés par les abatis et les murs crénelés des Allemands et obligés de reculer devant le Ve corps tout entier, soutenu par une division de landwehr de la garde et par l'artillerie du IVe corps.

Au nord de Paris, le 28 octobre, le général Carrey de Bellemare fait attaquer par un corps de francs-tireurs le village du Bourget et s'y installe. A sa droite, le contre-amiral Saisset fait occuper le Drancy. Deux jours après, la deuxième division de la garde, inaugurant la formation en ordre dispersé en terrain découvert, se porte contre le Bourget sur trois colonnes et s'en empare malgré une énergique résistance. Le Drancy est également évacué.

Cet insuccès, concordant avec la nouvelle de la capitulation de Metz et de négociations engagées à Versailles pour la conclusion d'un armistice, amène l'émeute du 31 octobre.

Nouvelle composition des armées. — A cette époque, les Allemands ont 280,000 hommes devant Paris et plus de 900 pièces de canon.

Le 8 novembre, les forces de la défense, qui commencent à s'aguerrir, sont organisées en trois armées :

La première armée, composée de 266 bataillons de garde nationale, est sous le commandement de Clément Thomas ;

La deuxième armée, forte d'environ 100,000 hommes et commandée par le général Ducrot, est formée en trois corps (Blanchard, Renault et d'Exéa);

La troisième armée, composée en majeure partie de mobiles et formée en six divisions, est sous les ordres du général Vinoy ;

Enfin, le corps de Saint-Denis, passé sous le commandement du vice-amiral de La Roncière, est fort d'environ 30,000 hommes répartis en trois brigades.

L'annonce de la victoire de Coulmiers décide le général Trochu, pressé par le général Ducrot et par le général Schmitz, chef d'état-major général, à entreprendre une grande sortie. On se propose d'agir entre la Marne et la Seine dans la boucle de la Marne comprise entre Bry, Joinville et Champigny, avec Lagny pour premier objectif.

Bataille de Champigny-Villiers (30 novembre et 2 décembre). — L'attaque est préparée par l'occupation du plateau d'Avron et par l'établissement de ponts retardé, il est vrai, par une crue subite de la Marne. Aussi, le 29 novembre, des diversions seules ont lieu sur l'Hay et la Gare-aux-Bœufs. La deuxième armée est concentrée entre Vincennes et Rosny : le 1er corps doit passer la Marne à Joinville et marcher sur Champigny ; le 2e corps, moins la division Susbielle, chargée d'attaquer Montmesly entre la Marne et la Seine, doit passer la rivière à Nogent et se porter sur Villiers; le 3e corps doit la franchir à Neuilly et s'emparer de Noisy-le-Grand. La position que l'on doit attaquer est occupée par la division wurtembergeoise à trois brigades ; de plus, une division du XIIe corps s'est portée à Chelles, une brigade du VIe à Villeneuve-Saint-Georges ; le IIe corps en réserve se tient prêt à marcher.

Le 30 novembre, le 1er corps s'empare de Champigny ; une de ses divisions attaque Cœuilly. Au centre, le 2e corps, dirigé par le général Ducrot lui-même, échoue dans toutes ses tentatives pour enlever le parc de Villiers ; rejoint dans la soirée par le 3e corps, qui n'a pas exécuté le mouvement tournant, il renouvelle en vain ses efforts.

Le général Susbielle s'est emparé de Montmesly et se retire, protégé par une démonstration du général Vinoy sur Thiais et Choisy-le-Roi. Du côté du nord, le général Hanrion s'est rendu maître d'Epinay et est rentré à Saint-Denis.

Le 2 décembre, le général de Fransecky, qui dispose de forces considérables, prend l'offensive contre la ligne Bry-Champigny, surprend les Français à Champigny, mais ne peut les déloger de leurs positions.

Dans ces différents combats, nos pertes ont été de 12,000 hommes ; celles des Allemands de plus de 6,000.

Le 3 décembre, la deuxième armée est ramenée sur la rive droite de la Marne. On la reconstitue à deux corps d'armée (de Maussion et d'Exéa) avec une division de réserve (Faron) et une division de cavalerie (de Champéron). La troisième armée est également divisée en deux corps.

Combat du Bourget (21 décembre). — Malgré l'avis donné par le général de Moltke de la reprise d'Orléans par les Allemands, le général Trochu prépare une nouvelle sortie vers le nord. Pendant que le général Vinoy, pour faire une diversion, attaque la Ville-Evrard, les troupes du corps de Saint-Denis et de la deuxième armée attaquent (21 décembre) le Bourget, mais ne peuvent s'y établir.

Trois jours après, l'intensité du froid oblige le gouverneur de Paris à cantonner la plus grande partie des troupes ; le plateau d'Avron est évacué ; les nouvelles de la province sont mauvaises ; les souffrances de la population deviennent excessives.

Pour hâter la fin de la résistance, les Allemands commencent à bombarder Paris (27 décembre). Mais les dégâts causés dans les forts, dont ils ne peuvent éteindre le feu, sont peu considérables ; les brèches du fort d'Issy, le plus violemment canonné, sont impraticables et ne permettent pas l'attaque de vive force. Quant à la ville, qui reçoit environ 10,000 projectiles, elle a en moyenne cinq tués et douze blessés par jour, et le moral de la population n'en est pas plus ébranlé que celui de l'armée.

Cependant l'opinion publique est très exaltée et demande un nouvel effort.

Bataille de Montretout-Buzenval (19 janvier). — Le 19 janvier, 84,000 hommes, dont un tiers appartient à la garde nationale, se portent en trois colonnes contre les positions de Montretout, Garches, Buzenval, défendues par le Ve corps prussien. Les mouvements préparatoires sont lents et difficiles. Néanmoins, la colonne de gauche, sous les ordres du général Vinoy, enlève Montretout et pénètre dans Saint-Cloud ; au centre, le général de Bellemare s'empare de la Bergerie ; à droite, Buzenval est pris, mais la porte de Longboyau résiste aux efforts du général Ducrot. Vers 2 heures, les réserves allemandes accourent de toutes parts, sans pouvoir déloger les Français des positions conquises. A 6 heures du soir, le général Trochu donne l'ordre de la retraite. Ce dernier effort nous a coûté plus de 4,000 hommes ; les Allemands en ont perdu 1,000.

Cet événement semble d'un heureux présage à Versailles, où le roi Guillaume a été la veille proclamé empereur dans le palais de Louis XIV. A Paris, il excite une nouvelle émeute. Bientôt il n'y a plus de vivres au dedans, plus d'espoir de secours du dehors. Le 26, un armistice signé le 28 arrête les hostilités ; il doit être le prélude du traité de paix. Les forts sont remis aux Prussiens avec 600 canons de campagne et 1,300 pièces de siège ; l'armée, devenue prisonnière de guerre est désarmée : elle compte encore 250,000 hommes, dont 105,000 mobiles.

ARMÉES DE LA LOIRE.

A la défense de Paris sont liées, plus ou moins étroitement, les opérations des armées de province.

Le siège du gouvernement demeurant à Paris, une délégation composée de trois membres, auxquels va bientôt s'adjoindre un quatrième et le plus important, M. Gambetta, vient s'établir à Tours (16 septembre) pour organiser la lutte en province.

Organisation des armées de province. — Comme éléments d'armée, les dépôts renferment encore environ 50,000 soldats. Les hommes de 20 à 40 ans, appelés comme mobiles ou comme mobilisés, vont fournir le complément nécessaire. L'amiral Fourichon, secondé par le général Lefort, rassemble 100,000 hommes qu'il répartit en deux corps qui prennent les numéros 15 et 16. Bientôt même, le Ier corps bavarois menaçant Orléans, le général de La Motterouge se porte au devant de lui avec le 15e corps.

C'est alors, 9 octobre, que M. Gambetta prend en mains les deux ministères de l'intérieur et de la guerre et s'adjoint, comme délégué à la guerre, un ingénieur des mines, M. de Freycinet. Ces deux hommes vont ranimer le patriotisme et imprimer à la résistance une activité et une énergie vraiment admirables. Leurs efforts ne seront pas vains : dans une durée de moins de trois mois, plus de 600,000 hommes armés et équipés pourront se présenter devant l'ennemi avec 1,400 bouches à feu.

Prise d'Orléans par les Allemands. — Malheureusement, ainsi qu'on devait s'y attendre, les débuts ne sont pas heureux. Le général de Tann, à la tête du Ier corps bavarois, de la 22e division d'infanterie, des 2e et 4e divisions de cavalerie, bat le 15e corps à Artenay, Patay et Cercottes et entre à Orléans (12 octobre). Le général de Wittich, dirigé sur Châteaudun avec la 22e division d'infanterie et la 4e de cavalerie, s'empare de cette ville défendue énergiquement par des francs-tireurs et des gardes nationaux, la brûle et va s'établir à Chartres.

Le général d'Aurelle de Paladines remplace à la tête du 15e corps le général de La Motterouge, conduit ces divisions démoralisées à Salbris, dans la Sologne, et les réorganise. Le 16e corps en formation à Blois est également placé sous son commandement. La première armée de la Loire est créée. On décide une marche en avant sur Orléans, que la nouvelle de la capitulation de Metz va accélérer encore. Le 7 novembre, le combat de Vallière est favorable à nos troupes. Le 8, elles s'établissent en avant de la forêt de Marchenoir. Pendant la nuit, les Bavarois viennent prendre position à l'ouest d'Orléans, entre Saint-Sigismond et Baccon par Coulmiers, face aux Français.

Bataille de Coulmiers (9 novembre). — La bataille s'engage vers 9 heures et demie du matin : à droite, le 15e corps enlève Baccon ; au centre, le 16e (général Chanzy) s'empare de Coulmiers, et ces deux corps chassent les Bavarois de toutes leurs positions. Malheureusement, le général Reyau, commandant de la cavalerie, chargé de couvrir notre flanc gauche et de se diriger sur Saint-Péravy, pour couper la retraite aux Allemands par la route de

Paris, n'exécute pas le mouvement qui lui est ordonné. Le général de Tann évacue Orléans et se retire, sans être inquiété, avec perte de 800 hommes tués ou blessés et de 2,000 prisonniers ; les Français ont perdu 1,500 hommes.

A la nouvelle de cet échec, le grand quartier-général allemand presse l'arrivée du prince Frédéric-Charles, lequel, après la capitulation de Metz, s'est aussitôt mis en marche avec la Deuxième armée vers le sud-ouest et est arrivé à Troyes. En même temps, le grand-duc de Mecklembourg, avec une division d'infanterie et deux divisions de cavalerie, va rallier le général de Tann : il doit, une fois la jonction faite avec les corps de Frédéric-Charles, se placer sous les ordres de ce prince.

Combat de Beaune-la-Rolande (28 novembre). — La marche des Français sur Paris n'est donc plus possible. Le général d'Aurelle établit en avant d'Orléans un grand camp retranché, où il se dispose à recevoir l'attaque de l'ennemi. Mais bientôt le Ministre de la guerre et son délégué changent le plan arrêté d'un commun accord et dirigent sur Beaune-la-Rolande deux corps de nouvelle formation, le 18e (Billot) et le 20e (Crouzat). Ils s'y heurtent contre les troupes concentrées (IIIe, IXe et Xe corps) de Frédéric-Charles et sont repoussés avec perte de 3,000 hommes. Le 17e corps (de Sonis), qui s'est avancé jusqu'à Châteaudun, est obligé d'évacuer cette ville.

Combat de Loigny (2 décembre). — Malgré ces insuccès, à la nouvelle d'une sortie que doit tenter vers le sud l'armée de Paris, on reprend de nouveau l'offensive dans la direction de Pithiviers. Le 1er décembre, le 16e corps bat les Allemands à Villepion ; le lendemain, il livre bataille à Loigny aux troupes du grand-duc de Mecklembourg et est repoussé, malgré l'énergie de ses attaques et le dévouement de quelques compagnies du 17e corps accourues avec leur général pour le soutenir. L'arrivée en ligne du 15e corps (Martin des Pallières) arrête l'effort de l'ennemi sur Artenay. La retraite est ordonnée et n'a comme incident que le combat de Chevilly. Le prince Frédéric-Charles, commençant son mouvement concentrique sur Orléans avec 100,000 hommes, précipite sa marche. Le 4 décembre, la ville, défendue par le 15e corps et par des batteries de la marine, est évacuée et les troupes se retirent : les 16e et 17e corps sur Beaugency, les 15e, 18e et 20e sur

Salbris. L'armée de la Loire était coupée en deux. L'aile gauche, commandée par le général Chanzy, va former le noyau de la deuxième armée de la Loire : l'aile droite, qui va être placée sous les ordres du général Bourbaki, deviendra l'armée de l'Est.

Deuxième armée de la Loire. — Après la reprise d'Orléans, le général Chanzy, battant en retraite, va continuer la lutte avec une courageuse persévérance et défendre le territoire pied à pied. Il prend position entre la Loire et le Loir, sa droite à Beaugency et sa gauche à Morée. Il a sous son commandement le 16e corps (amiral Jauréguiberry), le 17e (général de Colomb), le 21e (amiral Jaurès) et la colonne mobile de Tours du général Camo.

Le prince Frédéric-Charles, ne conservant que le Xe corps à Orléans, ordonne au grand-duc de Mecklembourg de poursuivre l'armée française restée sur la rive droite de la Loire. Les Allemands s'emparent de Meung; le 7 décembre, commence en avant de Josnes une série de quatre journées de combats, dont le plus considérable est celui de Villorceau. Craignant d'être tourné par Blois, le général Chanzy recule jusqu'au Loir, entre Vendôme et Fréteval. Dans ces nouvelles positions il est attaqué par l'armée allemande, qu'il tient en échec pendant deux jours. Le 16 décembre, il se décide à gagner le Mans. Cette retraite s'exécute, comme la précédente, au milieu de fatigues et de souffrances considérables.

Cependant Frédéric-Charles, inquiet des mouvements du général Bourbaki, est rentré à Orléans. Ce danger éloigné, la marche sur le Mans est reprise : le XIIIe corps s'avance par Nogent-le-Rotrou et la Ferté-Bernard; le IIIe corps par Fréteval et Saint-Calais, ayant en arrière de lui le IXe; le Xe corps par la Chartre sur le Loir. Le front et les ailes sont couverts par quatre divisions de cavalerie. Ces colonnes, dans leur marche concentrique, rencontrent et refoulent sur le Mans les divisions des généraux Rousseau, de Curten et de Jouffroy. La journée du 17 janvier est remplie par les combats de Parigné-l'Évêque et de Changé. Les troupes françaises sont disposées de la manière suivante : à la droite, entre la Sarthe et la route de Tours, les mobilisés de Bretagne; de la route de Tours à celle d'Yvré-l'Évêque, une division du 16e corps et deux du 17e, sous le commandement de l'amiral Jauréguiberry; au centre, une division du 17e corps et une du 21e, commandées par le général de Colomb, défendant le plateau d'Auvours; à gauche, sous l'amiral Jaurès, le reste du 21e corps occupe le plateau du nord entre l'Huisne et la Sarthe. Les impedimenta sont sur la rive droite de cette rivière, ainsi que la cavalerie.

BATAILLE DU MANS (11 janvier). — Le 11 janvier, la lutte s'engage à des heures différentes sur les différents points de la ligne de bataille. A la gauche française, le 21e corps perd peu de terrain devant le XIIIe corps allemand et se maintient sur le plateau. Au centre, le plateau d'Auvours, pris par le IXe corps prussien, est repris par un effort héroïque des volontaires de l'Ouest et de mobiles et mobilisés bretons; la droite française a conservé ses positions à Pontlieue : mais, dans la soirée, une brigade du Xe corps prussien se porte sur la position de la Tuilerie, occupée par les mobilisés de Bretagne, et l'enlève. En vain, l'amiral Jauréguiberry fait tous ses efforts pour la reprendre ; il est lui-même attaqué le lendemain et le général Chanzy est obligé de donner l'ordre de la retraite. Elle s'exécute facilement pour les 16e et 17e corps, avec assez de peine pour le 21e. Les Allemands entrent au Mans, où ils prennent un matériel considérable et 18,000 prisonniers.

Le 17, après avoir livré plusieurs combats d'arrière-garde, dont le plus important et celui de Sillé-le-Guillaume, l'armée tout entière est réunie derrière la Mayenne, entre Laval et Mayenne. Elle est forte de 160,000 hommes.

CHAPITRE XXXI.

Campagne de 1870-1871. — Opérations dans le Nord. — Opéra tions dans l'Est. — Traité de Francfort.

OPÉRATIONS DANS LE NORD.

ARMÉE DU NORD. — Dans le Nord, une armée d'un faible effectif, mais assez sérieusement constituée, va lutter non sans gloire contre les forces allemandes qui lui sont opposées.

A la fin d'octobre, le général Bourbaki, secondé par son chef d'état-major, le général Farre, travaille à grouper autour de Lille les éléments existant dans les départements du Nord. Les evadés de Sedan et bientôt ceux de Metz vont fournir des cadres excellents pour l'organisation de cette nouvelle armée. Mais là encore la capitulation de Metz va avoir un contre-coup fatal. La Première armée, composée des Ier et VIIIe corps, de la 3e division de réserve et de la 3e division de cavalerie, laissant provisoirement le VIIe corps à Metz, se dirige vers l'Oise, sous le commandement du général de Manteuffel. Elle a pour mission de couvrir dans la direction du nord le siège de Paris, en occupant Amiens et Rouen et en repoussant au loin les corps français en formation.

Le général Bourbaki rappelé a été remplacé provisoirement par le général Farre, qui continue l'œuvre d'organisation du 22e corps.

BATAILLE D'AMIENS (27 novembre). — Le 27 novembre, a lieu la bataille d'Amiens ou de Villers-Bretonneux. Après une lutte vigoureusement soutenue, la petite armée française se retire sur Arras, abandonnant Amiens qui capitule. Les pertes sont de 1,200 à 1,300 hommes de part et d'autre.

Laissant alors une partie de ses forces sur la Somme, le général de Manteuffel marche sur la basse Seine, où le général Briand, à la tête d'un corps de 20,000 hommes, a battu le comte de Lippe à Etrepagny. Défait à son tour à Buchy, le général Briand évacue Rouen, mais préserve le Havre de l'occupation allemande.

Cependant, le général Faidherbe a pris le commandement de l'armée du Nord, qui comprendra, à la date du 20 décembre, deux corps : le 22e, général Lecointe, formé des deux divisions Derroja et du Bessol ; le 23e, général Paulze d'Ivoy, formé de la division Moulac et d'une division de mobilisés — effectif total : 31,000 hommes. Il prend immédiatement l'offensive, réoccupe Ham et vient s'établir au nord-est d'Amiens, sur les hauteurs de la rive gauche de l'Hallue. Les positions sont fortes, mais offrent un trop grand développement. Le général de Manteuffel a ramené son armée à Beauvais et de là à Amiens.

Bataille de Pont-Noyelles (23 décembre). — La bataille livrée à Pont-Noyelles est des plus opiniâtres. Les deux armées restent sur le champ de bataille, et ce n'est que le lendemain que le général Faidherbe se décide à ramener derrière la Scarpe, entre Arras et Douai, ses troupes qui ont plus souffert du froid que de l'ennemi.

Bataille de Bapaume (3 janvier 1871). — Le général de Gœben, qui remplace le général de Manteuffel appelé au commandement de l'armée du Sud, met le siège devant Péronne et détache 15,000 hommes vers Bapaume. Attaqué par le général Faidherbe, ce corps est chassé de toutes ses positions ; mais il est reporté en avant, et, abandonnée par la retraite des Français, Péronne capitule.

Après quelques jours de repos, l'armée du Nord va tenter un dernier effort, en même temps que l'armée de Paris, et, pour inquiéter les armées d'investissement, se diriger vers Saint-Quentin et la ligne de l'Oise. Cette marche parallèle à la Somme est reconnue par les avant-gardes de la Première armée qui se porte sur Saint-Quentin.

Bataille de Saint-Quentin (19 janvier). — Le général de Kummer doit soutenir l'attaque des Français au centre, pendant que le général de Gœben les tournera par leur droite et les généraux de Barnekow et de Lippe par leur gauche. Après un combat acharné, le 22e corps se retire par la route du Cateau, le 23e par celle de Cambrai : ils ont perdu 3,000 hommes. Les

Allemands ont éprouvé des pertes égales, mais ils ramassent plusieurs milliers d'éclopés ou de traînards. Après s'être présentés inutilement devant Cambrai et Landrecies, ils se retirent de nouveau derrière la Somme.

L'armée du Nord, encore une fois réorganisée, va se reporter en avant, quand arrive la nouvelle de l'armistice du 28 février.

OPÉRATIONS DANS L'EST.

Opérations du général Cambriels. — A la fin de septembre, le général Cambriels, nommé commandant supérieur dans l'Est, ne dispose pour défendre cette région que de quelques milliers d'hommes. Ce sont ces faibles troupes que le général de Werder avec le XIVe corps est chargé de disperser, après la prise de Strasbourg. La première quinzaine d'octobre est marquée par les combats de Raon-l'Etape, de Saint-Dié, d'Etival ou de la Burgonce, de Rambervillers et de Bruyères. Pour sauver les débris de sa petite armée, le général Cambriels se replie sur Besançon, après avoir essayé de lutter encore sur la ligne de l'Ognon. Dijon est occupé de vive force par les Badois et le général de Werder va mettre le siège devant les dernières places de l'Alsace, Schelestadt, Neuf-Brisach et Belfort.

Opérations de Garibaldi et de Cremer. — 45,000 hommes environ sont rassemblés à Besançon. Leur nouveau général, le général Crouzat, laissant une forte garnison dans cette ville, se porte avec le reste à Chagny, où il forme le 20e corps, qui est bientôt appelé sur la Loire.

L'Est n'a plus pour le défendre que les bandes de Garibaldi à Autun et la division Cremer à Beaune. A la fin de novembre, Garibaldi s'avance sur Dijon ; après un premier succès, battu à son tour, il recule jusqu'à Autun, abandonnant à lui-même le général Cremer, qui, au combat de Nuits (18 décembre), n'en inflige pas moins aux Allemands des pertes sérieuses.

Armée de l'Est. — Depuis le 3 novembre, pendant que le général de Werder tenait la campagne avec l'armée d'observation, Belfort était investi par le général de Treskow. Cette place, renforcée par les soins de son gouverneur, l'énergique colonel Denfert, va pouvoir résister victorieusement 103 jours durant aux attaques et au bombardement des Prussiens.

Le 18 décembre, le Ministre de la guerre confie au général Bourbaki la mission de secourir Belfort et d'inquiéter les Allemands sur leurs communications. L'armée de l'Est compte plus de 100,000 hommes et comprend le 15e corps (général Martineau-Deschenez), le 18e (général Billot), le 20e (général Clinchant) et le 24e (général Bressolles); la division Cremer doit se réunir à elle. Cette entreprise peut réussir avec du secret et une grande rapidité d'exécution. Malheureusement, dès le premier moment, l'expédition n'est ignorée de personne et les transports, mal préparés, s'exécutent avec une déplorable lenteur. Le 29 décembre enfin, les corps français occupent les points de Beaune (division Cremer), Chagny (18e corps), Chalon-sur-Saône (20e corps et division de réserve), Besançon (24e corps et bientôt 15e corps). Ils se concentrent sur la ligne Dôle-Auxonne, pendant que la division Cremer, bientôt remplacée par le corps Garibaldi, occupe Dijon, protégeant le flanc et les derrières de l'armée.

Le général de Werder a la plus grande partie de ses forces à Vesoul, tenant solidement les deux points d'Héricourt et de Montbéliard entre l'Ognon et le Doubs. A la nouvelle que les IIe et VIIe corps se portent sur le flanc gauche des Français, il recule jusqu'à la Lisaine pour y occuper les positions défensives qu'il a choisies.

BATAILLES DE VILLERSEXEL (9 janvier) ET D'HÉRICOURT (15, 16 et 17). — Dans cette marche parallèle des deux armées, les 18e et 20e corps viennent se heurter contre les Allemands à Villersexel, qui est pris après une lutte très vive. Le 15 janvier, l'armée française se présente sur la rive droite de la Lisaine, dont la rive gauche est garnie par 50,000 Allemands soutenus par de grosses pièces du corps de siège de Belfort. Le 24e corps s'empare de Montbéliard. Le 16, à notre gauche, le général Cremer prend le village de Chenebier et s'y installe. Enfin, le 17, le centre ennemi est vainement attaqué à Héricourt; Chenebier est repris : le général Bourbaki donne l'ordre de la retraite. Nous avons perdu 4,000 hommes, les Prussiens 2,000. Le 22, l'armée parvient à Besançon; mais le général de Manteuffel, arrivant sur ses derrières, va lui barrer le passage.

Cette nouvelle armée prussienne, récemment formée, est l'armée du Sud, composée des IIe, VIIe et XIVe corps d'armée. Marchant avec les deux premiers corps, Manteuffel masque

Langres par une brigade, et Dijon par une autre, passe entre ces deux places et traverse la Côte-d'Or. Garibaldi, placé à Dijon, repousse avec des forces très supérieures la brigade qui lui est opposée ; puis il demeure inactif et ne fait rien pour sauver de la ruine l'armée de Bourbaki.

Cependant, le général de Manteuffel est arrivé à Gray. Apprenant le résultat de la bataille d'Héricourt, il se décide à se porter plus au sud, vers Dôle, pour couper aux Français la retraite sur Lyon. Le 25 janvier, le cercle se resserre autour de Besançon : le XIVe corps est au-dessus de la ville, gardant les deux rives du Doubs, le VIIe est tout entier sur la rive droite, les têtes de colonne du IIe arrivent à Salins. Il n'est que temps de battre en retraite sur Pontarlier, pour essayer de gagner Lyon. Le général en chef désespéré cherche à mettre fin à ses jours et laisse le commandement au général Clinchant, qui continue le mouvement commencé. La division Cremer et le 24e corps sont dirigés sur les Planches et sur Mouthe, pour assurer le passage vers Saint-Laurent et Saint-Claude. Les corps suivants, serrés de près par les Allemands, sont obligés de combattre.

Passage de l'armée en Suisse. — La nouvelle de l'armistice semble devoir sauver la malheureuse armée de l'Est, qui s'étend dans le pays pour cantonner et pour vivre : ce sera son coup de mort. Le 30, le général Clinchant apprend qu'il a été excepté de l'armistice par les négociateurs de Paris, ainsi que les départements de l'Est et Belfort. Quelques fractions de l'armée, par La Chapelle-des-Bois, Morez et Les Rousses, parviennent à gagner Gex. Quant au gros, qui compte encore 90,000 hommes, engagé sur la route des Verrières, il n'a plus d'autre ressource que de passer en Suisse. Une convention signée avec le général Herzog, commandant en chef des troupes helvétiques, arrête les conditions d'un internement inévitable et préférable à une capitulation. Le même jour, 1er janvier, le 18e corps et la division de réserve (Pallu de la Barrière), chargés de soutenir la retraite, livrent un dernier combat à La Cluse.

Le général Garibaldi, qui n'avait rien fait pour venir en aide à l'armée de l'Est, s'était déjà retiré sur Lyon.

Le 13 février, le colonel Denfert, autorisé à traiter, signe la reddition de la place de Belfort ; quant à Bitche, ce n'est que le 11 mars qu'elle ouvre ses portes. Les autres places fortes de notre frontière, Phalsbourg, Toul, Thionville, Verdun, Montmédy, etc., ont capitulé devant des corps de siège particuliers, après une défense qui a été souvent en rapport avec les moyens dont elles disposaient.

TRAITÉ DE PAIX.

Le 26 février, les préliminaires de la paix sont signés à Versailles par M. Thiers, délégué pour ce triste devoir par l'Assemblée nationale réunie à Bordeaux.

La France perd une partie de la Lorraine avec Metz, l'Alsace, moins Belfort, une population de 1,500,000 âmes. De plus, elle doit payer à l'Allemagne une indemnité de guerre de 5 milliards et entretenir sur son territoire, jusqu'au paiement intégral de la dette, une armée d'occupation.

Le traité définitif est signé à Francfort, le 10 mars 1871.

Ainsi se termine cette guerre extraordinaire, engagée par la France dans des conditions d'infériorité écrasante et soutenue pendant six mois avec autant de constance que de malheur. L'Allemagne, qui dispose de plus de 1,400,000 hommes de forces militaires organisées, a eu, au début de la campagne, 800,000 soldats sur le territoire français ; au moment de l'armistice, elle en a 940,000 et 1,800 pièces de canon.

Les pertes totales de l'armée allemande ont été de 130,000 hommes, dont 89,000 blessés et 41,000 morts (28,000 tués ou morts des suites de leurs blessures, 13,000 morts de maladie) ; elle a eu 296,000 malades et blessés dans ses ambulances.

Pour l'armée française, ces chiffres sont de 138,000 morts, 143,000 blessés et 328,000 malades.

TABLE DES MATIÈRES.

Paris et Limoges. — Imprimerie militaire H. Charles-Lavauzelle.

www.ingramcontent.com/pod-product-compliance
Ingram Content Group UK Ltd.
Pitfield, Milton Keynes, MK11 3LW, UK
UKHW021054230726
13926UKWH00004B/1847